생생
독일어

생생 독일어: Deutsch – Einfach leicht!

ⓒ 국지연·류수린·정동규·김성곤, 2020

1판 1쇄 인쇄__2020년 02월 20일
1판 1쇄 발행__2020년 02월 28일

지은이__국지연·류수린·정동규·김성곤
펴낸이__홍정표

펴낸곳__글로벌콘텐츠
　　　　등록__제 25100-2008-24호

공급처__(주)글로벌콘텐츠출판그룹
　　　　대표__홍정표　이사__김미미　편집__김봄 이예진 권군오 이상민 홍명지　그림__채소라　기획·마케팅__노경민 이종훈
　　　　주소__서울특별시 강동구 풍성로 87-6　전화__02-488-3280　팩스__02-488-3281
　　　　홈페이지__www.gcbook.co.kr　메일__edit@gcbook.co.kr

값 15,000원
ISBN 979-11-5852-272-8 03750

생생
독일어

Deutsch - Einfach leicht!

국지연·류수린·정동규·김성곤 공저

글로벌콘텐츠

1970년대 미국에서 시작하여 90년대 유럽에 상륙한 '쉬운 언어' 개념은 일종의 사회운동으로 누구나 쉽게 표현하고 이해할 수 있는 소통언어를 지향한다. 독일의 경우 2001년 '인간 우선 네트워크 Netzwerk People First Deutschland'에 이어, 2006년 설립된 '쉬운 언어 네트워크 Netzwerk Leichte Sprache'는 "정보에 대한 접근 가능성은 모든 사회구성원에게 열려있어야 한다."는 취지에서 '쉬운 언어 Leichte Sprache' 개념을 도입하여 다음의 몇몇 규칙을 제안하였다.

　　1) 짧은 문장(통상 8개 단어 이하)을 사용할 것
　　2) 문장 당 명제 수는 하나로 제한할 것
　　3) 2격 사용을 지양할 것
　　4) 합성어의 경우 성분 사이를 붙임표로 표시할 것
　　5) 시각자료를 적극적으로 활용할 것

이와 함께 전문용어나 지나친 축약어 대신 간단하고 명확한 단어의 사용(genehmigen/Omnibus → erlauben/Bus 등), 간접적인 개념어를 구체화하여 직접 언급하기(Öffentlicher Nahverkehr → Bus und Bahn 등), 그리고 수동문이나 접속법으로 기술된 문장을 능동문이나 직설법으로 표현하기(Morgen wird der Beirat gewählt. → Morgen wählen wir den Beirat./Morgen könnte es regnen. → Morgen regnet es vielleicht.) 등의 구체적인 방법들도 제시되었다.

이 책은 독일 모국어 화자가 일상적으로 소통하는 '보통 독일어 Normales Deutsch'와 여러 이유로 언어학습에 어려움을 겪는 사람들의 정보 접근권을 보장하기 위한 '쉬운 독일어 Leichtes Deutsch'의 중간 정도에 해당하는 개념인 '간단한 독일어 Einfaches Deutsch'를 지향점으로 삼아 내용을 구성하였다. 다양한 언어 배경을 가진 넓은 의미의 독일어 사용자들을 위한 언어로 도입된 '간단한 독일어'는 외국어 학습에서 언어의 수월성과 소통성을 동시에 고려한 매우 현실적인 소통-언어적 대안이라고 생각한다. 이 책에는 12과의 본문과 해당 단어집 외에도 '간단한 독일어'를 위한 필수적인 기본 문법을 요약해서 첨부하였기 때문에, 다른 부차적인 교재 없이 그 자체로서, 독일어를 처음 접하는 한국어 화자에게 자연스럽고 간편한 독일어 사용을 위한 친절한 안내서가 될 것으로 기대한다.

2020.01.10.

저자 일동

5

목차

Teil 1

Teil 2

알파벳

A	a	[aː]	P	p	[peː]
B	b	[beː]	Q	q	[kuː]
C	c	[tseː]	R	r	[ɛr]
D	d	[deː]	S	s	[ɛs]
E	e	[eː]	T	t	[teː]
F	f	[ɛf]	U	u	[uː]
G	g	[geː]	V	v	[fau]
H	h	[haː]	W	w	[veː]
I	i	[iː]	X	x	[iks]
J	j	[jɔt]	Y	y	[ypsilɔn]
K	k	[kaː]	Z	z	[tsɛt]
L	l	[ɛl]	Ä	ä	[ɛː]
M	m	[ɛm]	Ö	ö	[øː]
N	n	[ɛn]	Ü	ü	[yː]
O	o	[oː]		ß	[esstsɛt]

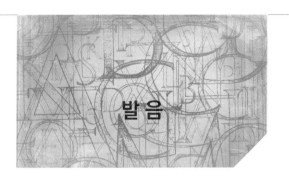

발음

1. 모음

a	[a:]	Name (이름)	Saal (홀, 큰 방)	fahren (~타고 가다)
	[a]	Gott (하느님)	Tante (숙모)	satt (배부른)
e	[e:]	Tee (차)	leben (살다)	Weg (길)
	[ɛ]	Messer (칼)	Heft (공책)	setzen (앉다)
	[ə]	haben (가지다)	Blume (꽃)	Morgen (아침)
I	[i:]	ihn (그를)	dir (너에게)	Bibel (성경)
	[i]	Zimmer (방)	hinten (뒤에)	Kind (아이)
o	[o:]	Brot (빵)	U-Boot (잠수함)	Tor (문)
	[ɔ]	Topf (냄비)	Wort (단어)	offen (열린)
u	[u:]	Bruder (남자형제)	Uhr (시계)	Hut (모자)
	[u]	Fuß (발)	Mutter (어머니)	Luft (공기)
ä	[ɛ:]	Mädchen (소녀)	Jäger (사냥꾼)	Bär (곰)
	[ɛ]	hängen (걸려 있다)	Länge (길이)	kämpfen (싸우다)
ö	[ø:]	Öl (오일)	lösen (해결하다)	Österreich (오스트리아)
	[œ]	Löffel (스푼)	öffnen (열다)	Köln (쾰른)

ü	[y:]	müde (지친)	kühl (서늘한)	Übung (연습)
	[y]	dünn (얇은)	Müller (뮐러)	füllen (채우다)

ie	[i:]	Liebe (사랑)	Dieb (도둑)	tief (깊은)
	[iə]	Familie (가족)	Asien (아시아)	Ferien (방학, 휴가)

ai, ay, ei, ey

	[ai]	Mai (5월)	Bayern (바이에른주)	Heimat (고향)
		Loreley (로렐라이)		

eu, äu

	[ɔy]	heute (오늘)	Freund (친구)	träumen (꿈꾸다)
		Fräulein (아가씨)		

2. 자음

(1) b, d, g

b	[b]	braun (갈색의)	lieben (사랑하다)	Gabel (포크)
	[p]	halb (반)	Herbst (가을)	Lob (칭찬)

d	[d]	die (정관사)	Dorf (마을)	Doktor (박사)
	[t]	Hand (손)	Abend (저녁)	Land (나라)

g	[g]	Gemüse (채소)	Wagen (자동차)	morgen (내일)
	[k]	Tag (날, 낮)	Weg (길)	Zug (기차)
	[ç]	König (왕)	Honig (꿀)	dreißig (서른)

(2) v, w

v   [f]   Vater (아버지)   Vogel (새)   Volk (민족, 국민)
    [v]   Vase (꽃병)   Volumen (부피, 권)   Volt (볼트)
w   [v]   Wagen (마차, 자동차)   Wetter (날씨)   Wolf (늑대)

(3) h

h   [h]   Haus (집)   Haar (모자)   halten (멈추다)
    [:]   gehen (가다)   froh (기쁜)   Ohr (귀)

(4) s

s   [s]   Haus (집)   Obst (과일)   kosten (값이 ~이다)
    [z]   Sänger (가수)   Rose (장미)   langsam (느린)

(5) sp, st

sp [sp] Knospe (꽃봉오리)   wispern (속삭이다)
    [ʃp] Spielzeug (장난감)   Sport (운동)

st [st] erst (맨먼저)   Schaufenster (진열장)
    [ʃt] stehen (서있다)   Student (대학생)

(6) ch

ch [x]   Koch (요리사)   Dach (지붕)   Buch (책)
    [ç]   nicht (~ 아닌)   Licht (빛)   Milch (우유)

11

(7) qu

qu [kv] Qual (고통)   bequem (편안한)   Qualität (질)

(8) chs

chs [ks] sechs (6)   Fuchs (여우)   wachsen (성장하다)

(9) ng, nk

ng [ŋ] Finger (손가락)   singen (노래하다)   Achtung (주의)

nk [ŋk] Bank (은행)   Onkel (아저씨)   links (왼쪽)

Zungenbrecher

Fischers Fritz fischt frische Fische.
Frische Fische fischt Fischers Fritz.

Wer "brauchen" ohne "zu" gebraucht, braucht "brauchen" gar nicht zu gebrauchen.

독일 노래

Zum Geburtstag viel Glück

Zum Geburtstag viel Glück, zum Geburtstag viel Glück,

zum Geburtstag liebe(r) (Name), zum Geburtstag viel Glück!

Zärtliche Liebe

Ludwig van Beethoven

Ich liebe dich, so wie du mich,

Am Abend und am Morgen,

Noch war kein Tag, wo du und ich

Nicht teilten unsre Sorgen.

Auch waren sie für dich und mich

Geteilt leicht zu ertragen;

Du tröstetest im Kummer mich,

Ich weint' in deine Klagen.

Drum Gottes Segen über dir,

Du, meines Lebens Freude.

Gott schütze dich, erhalt' dich mir,

Schütz und erhalt' uns beide.

독일연방공화국
16개 연방주 및 주도

● Landeshauptstadt

출처: Tatsachen über Deutschland

Bevölkerung: 82,6 Mio.

Hauptstadt: Berlin

Fläche: 357.340km²

BIP: 3,68 Billionen USD (2017)

Währung: Euro

Domain: .de

Internationale Vorwahl: +49

Höchster Berg: Zugspitze 2.962m

Längster Fluss: Rhein 865km in Deutschland

EU 27개 회원국

Finnland

Schweden

Estland

Vereinigtes
Königreich*

Lettland

Dänemark

Litauen

Irland

Niederlande

Polen

Belgien

Deutschland

Tschechische
Republik

Luxemburg

Slowakei

Frankreich

Österreich

Ungarn

Slowenien

Rumänien

Portugal

Kroatien

Spanien

Italien

Bulgarien

Griechenland

2020.1.31 영국 공식탈퇴

Zypern

Malta

출처: Tatsachen über Deutschland

Deutsch -
Einfach leicht!

Teil 1 »»

< **Lektion 1** >

Ich heiße Lee Hana

Dialog 1

Thomas Lehmann	Guten Tag!
	Ich heiße Thomas Lehmann.
	Und wie heißen Sie?
Hana Lee	Guten Tag!
	Ich heiße Lee Hana.
Thomas Lehmann	Wie bitte?
Hana Lee	Mein Name ist Lee Hana.
	Mein Vorname ist Hana und mein Familienname
	ist Lee.
Thomas Lehmann	Freut mich, Frau Lee!
Hana Lee	Freut mich auch!

morgens — Guten Morgen!

Guten Tag, Frau Müller!

Guten Tag, Herr Berger!

Sie

den ganzen Tag — Guten Tag!

Hallo, Max!

Hallo, Peter!

Du

wenn es dunkel wird — Guten Abend!

Auf Wiedersehen!

In der Nacht — Gute Nacht!

Tschüss!

19

Dialog 2

Im Sprachkurs

Hana Lee	Hallo, wie heißt du?
	Ich heiße Hana. Und du?
	Wie heißt du?
Marie Durand	Ich heiße Marie.
	Woher kommst du?
Hana Lee	Ich komme aus Korea.
	Ich bin Koreanerin.
	Und du?
Marie Durand	Ich bin Französin.
	Ich komme aus Paris.
	Aber ich wohne jetzt hier in Berlin.
Hana Lee	Ich wohne auch in Berlin.
	Ich bin Studentin.
Marie Durand	Ich bin Programmiererin.
	Freut mich!
Hana Lee	Freut mich auch!

>>> 국가 – 국민 <<<

국가	국민	
Korea	Koreaner	Koreanerin
Deutschland	Deutscher	Deutsche
England	Engländer	Engländerin
China	Chinese	Chinesin
Frankreich	Franzose	Französin
Japan	Japaner	Japanerin
die Türkei	Türke	Türkin
die Schweiz	Schweizer	Schweizerin

Übungen

1. Ich komme aus _____ .

2. Du kommst aus _____ .

3. Ich heiße _____ .

4. Du heißt _____ .

::: Berufe

Was sind Sie von Beruf?

Ich bin Studentin.

Was machen Sie / machst du beruflich?

Was sind Sie / bist du von Beruf?

Ich bin Studentin / Schülerin.

Ich mache ein Praktikum bei Siemens als Programmierer.

Ich mache eine Ausbildung bei _____ als _____.

Übungen

1. Ich bin _____.

2. Ich arbeite als _____.

3. Ich arbeite bei _____.

독일의 인기직업

2019년 독일 매니저 매거진 설문에 의하면 독일인의 인기직업 순위는 다음과 같다.

1. Tierpfleger/in   2. Schriftsteller/in

3. Psychologe/Psychologin   4. Forscher/in

5. Archäologe/Archäologin   6. Arzt/Ärztin

7. Profisportler/in   8. Fotograf/in

9. Anwalt/Anwältin   10. Software-Entwickler

der Apotheker
die Apothekerin

der Bäcker
die Bäckerin

der Programmierer
die Programmiererin

der Arzt
die Ärztin

der Handwerker
die Handwerkerin

der Lehrer
die Lehrerin

der Angestellte
die Angestellte

der Journalist
die Journalistin

der Polizist
die Polizistin

< **Lektion 2** >

Wie geht es dir?

Dialog 1

Hana ist auf dem Uni-Campus.

Hana Lee	Guten Morgen, Frau Schmidt!
Monika Schmidt	Guten Morgen, Frau Lee!
	Wie geht es Ihnen?
Hana Lee	Danke, es geht mir gut. Und Ihnen?
Monika Schmidt	Auch gut! Danke!
Hana	Hallo, Dennis!
Dennis	Hi, Hana!
	Wie geht es dir?
Hana	Danke, gut! Und dir?
Dennis	Auch gut! Danke!
	Was ist das?

Hana	Das ist ein Buch für den Französisch-Kurs.
Dennis	Wie ist der Kurs?
Hana	Er ist interessant.
Dennis	Sprichst du Französisch?
Hana	Ja, aber nur ein bisschen.

::: **Wie geht es Ihnen?**

| Danke, sehr gut! | Danke, gut. | Es geht. | Nicht so gut. |

::: 합성명사

das Buch + die Seite

= die Buchseite

der Familienname

das Mittagessen

die Hausfrau / der Hausmann

Dialog 2

Hana verabschiedet sich von Dennis.

Hana	Ich muss los.
	Ich habe gleich eine Vorlesung.
Dennis	Alles klar!
	Wann werden wir uns sehen?
Hana	Wie wär's mit übermorgen?
Dennis	Übermorgen passt!
	Zum Mittagessen?
Hana	Super!
	Wo?
Dennis	Vielleicht in der Mensa?
Hana	Okay, bis dann!
Dennis	Bis dann!

Übungen

A.

1. Was ist das? Das ist ein Auto.

2. Was ist das? Das ist _____ Baum.

3. Was ist das? Das ist _____ Tür.

4. _____ ist das Auto? Das Auto ist groß.

5. _____ ist die Wand? Die Wand ist hoch.

B.

1. der Fluss - die <u>Flüsse</u>

2. der Vater – die _____

3. der Tisch – die _____

4. die Tochter – die _____

5. das Kleid – die _____

Grammatik

>>> 국가와 언어 <<<

국 가	언 어	국 가	언 어
Albanien	Albanisch	Niederlande	Niederländisch
Belgien	Deutsch Französisch Niederländisch	Norwegen	Norwegisch
Bulgarien	Bulgarisch	Österreich	Deutsch
China	Chinesisch	Polen	Polnisch
Dänemark	Dänisch	Portugal	Portugiesisch
Deutschland	Deutsch	Rumänien	Rumänisch
Finnland	Finnisch	Russland	Russisch
Frankreich	Französisch	Schweden	Schwedisch
Griechenland	Griechisch	Schweiz	Deutsch Italienisch Französisch
Großbritannien	Englisch		
Italien	Italienisch	Spanien	Spanisch
Japan	Japanisch	Türkei	Türkisch
Korea	Koreanisch	Ungarn	Ungarisch
Kuwait	Arabisch	Vereinigte Staaten von Amerika	Amerikanisches Englisch

>>> sein, haben, werden <<<

	sein	haben	werden
ich	bin	habe	werde
du	bist	hast	wirst
er/sie/es	ist	hat	wird
wir	sind	haben	werden
ihr	seid	habt	werdet
sie/Sie	sind	haben	werden

Übungen

1. Frau Lee kommt aus Korea.

   Sie spricht sehr gut <u>Koreanisch</u>.

2. Herr Wang kommt aus Taiwan.

   Er spricht sehr gut _____.

3. Herr Sarkosy kommt aus Frankreich.

   Er spricht sehr gut _____.

4. Frau Lindgren kommt aus Schweden.

   Sie spricht sehr gut _____.

5. Frau Febres kommt aus Spanien.

   Sie spricht sehr gut _____.

Kurzinfo

독일에서 수요가 가장 높은 외국어

고객 응대나 해외 영업에서 가장 중요한 요건 중 한 가지는 외국어 능력이다. 시장조사기관 Respondi가 2018년 실시한 설문조사에 의하면, 독일 직장인의 44%가 독일어를 제외한 외국어를 사용하고 있으며, 독일 직장에서 수요가 가장 높은 외국어는 다음과 같은 순으로 나타났다.

1. Englisch
2. Französisch
3. Russisch
4. Spanisch
5. Türkisch

< **Lektion 3** >

Das ist meine Familie

Dialog 1

Hana zeigt Dennis ihr Fotoalbum.

Hana	Das ist meine Familie.
	Das sind meine Eltern.
	Das ist mein Vater und das ist meine Mutter.
	Mein Vater arbeitet bei LG und meine Mutter ist Lehrerin.
Dennis	Wohnen Sie in Seoul?
Hana	Nein, Sie wohnen in Busan.
Dennis	Hast du auch Geschwister?
Hana	Ja, einen Bruder.
	Er studiert in Seoul.
Dennis	Was studiert dein Bruder denn?
Hana	Er studiert Germanistik.
Dennis	Eine Schwester hast du nicht?
Hana	Nein, ich habe keine Schwester.

::: Die Familie

der Vater – die Mutter (die Eltern)

der Mann – die Frau (das Ehepaar)

der Sohn – die Tochter (die Kinder)

der Bruder – die Schwester (die Geschwister)

der Großvater – die Großmutter (die Großeltern)

der Enkel – die Enkelin (das Enkelkind, die Enkelkinder)

der Onkel – die Tante

der Neffe – die Nichte

der Vetter (der Cousin) – die Kusine (die Cousine)

der Schwiegervater – die Schwiegermutter

der Schwiegersohn – die Schwiegertochter

der Schwager – die Schwägerin

Grammatik

》》 격 (I): 주격/소유격 《《

	주격	소유격
단수	der Bruder	der Freund *des Bruders*
	die Tochter	die Tasche *der Tochter*
	das Haus	das Fenster *des Hauses*
복수	die Tische	die Farbe *der Tische*

Übungen

Das ist Florians Familie.

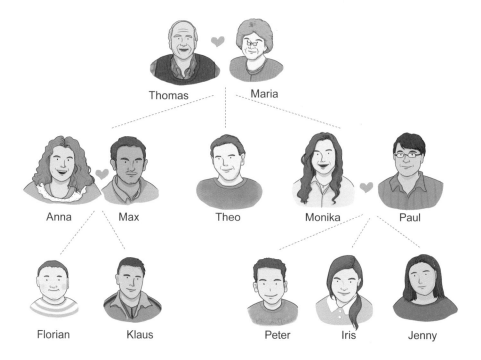

1. Wie heißt die Mutter des Vaters? _____

2. Wie heißt der Bruder des Vaters? _____

3. Monika ist Florians _____

4. Wie heißt die Tochter der Tante? _____

5. Iris ist _____

Dialog 2

Jenny lädt Hana ein und zeigt Hana ihre Wohnung.

Jenny	Hier wohne ich.
Hana	Wie schön!
Jenny	Das ist das Esszimmer,
	das ist die Küche,
	hier ist das Arbeitszimmer
	und hier mein Schlafzimmer.
Hana	Wohnst du hier alleine?
Jenny	Nein, mit meiner Mutter.
	Aber sie ist gerade auf Geschäftsreise.
Hana	Ach, so!
Jenny	Nimm Platz und fühl dich wie zu Hause!
Hana	Danke!

das Dach

der Schornstein

das Fenster

der Dachboden

die Toilette

das Badezimmer

das Schlafzimmer

die Garage

die Küche

das Wohnzimmer

die Haustür

der Keller

der Garten

Grammatik

》》 소유대명사 《《

ich	mein	wir	unser
du	dein	ihr	euer
Sie	Ihr	Sie	Ihr
er	sein		
sie	ihr	sie	ihr
es	sein		

Übungen

A. 인칭대명사

1. Bist du Studentin?

   Ja, ich bin Studentin.

2. _____ heißt Fritz.

3. _____ heißt Petra.

4. Herr und Frau Schwarz, sind Sie Österreicher?

   Nein, _____ sind aus Deutschland.

5. Sind Peter und Petra freundlich?

   Ja, _____ sind freundlich.

B. 소유대명사

1. Peter, Telefon! Deine Freundin!

2. Da kommt Herr Brown. Aber wo ist denn _____ Kind?

3. Wir sind jetzt alle da.

   Nur _____ Lehrer ist noch nicht da.

4. Hallo, Max und Sabine!

   Wo ist denn _____ Mutter?

5. Frau Wilke hat einen Sohn.

   Aber _____ Sohn wohnt nicht bei ihr.

Grammatik

동사변화 (I)

Ich *wohne* jetzt in Berlin.

Du *wohnst* jetzt in Weimar.

Er *wohnt* jetzt in Mannheim.

Wir *wohnen* jetzt in Hannover.

Ihr *wohnt* jetzt in Basel.

Sie *wohnen* jetzt in Frankfurt.

Sie *wohnen* jetzt in Freiburg.

Übungen

Ich frage meinen Lehrer in der Schule.

Du _____ deinen Lehrer in der Schule.

Er _____ seinen Lehrer in der Schule.

Wir _____ unseren Lehrer in der Schule.

Ihr _____ euren Lehrer in der Schule.

Sie _____ ihren Lehrer in der Schule.

Ich arbeite den ganzen Tag.

Du _____ den ganzen Tag.

Er _____ den ganzen Tag.

Wir _____ den ganzen Tag.

Ihr _____ den ganzen Tag.

Sie _____ den ganzen Tag.

Grammatik

》》 격 (II): 주격/목적격 《《

	주격	목적격
단수	ein Mann der Mann	Du liebst *einen Mann.* *den Mann.*
	eine Adresse die Adresse	Ich brauche *eine Adresse.* *die Adresse.*
	ein Wörterbuch das Wörterbuch	Er holt *ein Wörterbuch.* *das Wörterbuch.*
복수	die Busse die Adressen die Wörterbücher	*die Busse.* Sie sucht *die Adressen.* *die Wörterbücher.*

Übungen

A. Suchst du etwas?

1. Ja, den Schlüssel (der Schlüssel).

2. Ja, _____ _____ (ein Telefonbuch).

3. Ja, _____ _____ (die Uhr).

4. Ja, _____ _____ (der Kugelschreiber).

5. Ja, _____ _____ (eine Tasche).

6. Ja, _____ _____ (die Zeitungen).

B.

1. Ich habe den Ball (der Ball).

2. Er hat _____ _____ (zwei Töchter).

3. Sie haben _____ _____ (ein Haus).

4. Ihr habt _____ _____ (ein Sohn).

5. Sie hat _____ _____ (eine Frage).

Kurzinfo

독일의 주거문화

독일의 주택자가보유율은 유럽에서 두 번째로 낮다. 전체 가구의 45%만이 본인 소유 주택에서 거주하며, 이외 대부분은 임대 주택에서 살고 있다. 평균적으로 월 소득의 27%를 주거비용으로 지출하고 있기 때문에, 국민의 약 14%가 주거 비용을 큰 경제적 부담으로 느낀다. 연방정부는 주거정책의 일환으로 주거비용이 높은 지역에 한하여 임대비용 상한 제도를 도입하였다. 일부 예외를 제외하면 본 제도에 의거하여 임대인은 새 임차인과 임대계약 체결 시 임대료를 동일한 조건의 주택 대비 10% 이상 인상할 수 없다. 또한 150만 채의 신규주택과 자가주택 건설을 목표로 2018년 '적극적인 주거지 확대 사업'에 착수했으며, 사회주택 건설 사업에도 20억 유로를 지원했다.

39

Ich suche eine Bank

Dialog 1

Hana	Entschuldigung?
Passant	Ja, bitte?
Hana	Wo ist eine Bank?
Passant	Eine Bank... Zuerst gehen Sie die erste Straße links.
	Dann geradeaus bis zum Marktplatz.
	Dort finden Sie eine Bank.
Hana	Ist das weit von hier?
Passant	Nein, etwa fünf Minuten zu Fuß.
Hana	Vielen Dank. Und wo ist ein Bäcker?
Passant	Hier rechts neben der Post.
Hana	Danke sehr!
Passant	Bitte, gern! Kein Problem!

Nach dem Weg fragen

Entschuldigung! Entschuldigen Sie (bitte).

Können Sie mir helfen? Kann ich Sie etwas fragen?

Haben Sie einen Moment Zeit?

Eine Frage bitte:

Kennen Sie ... ?

Wo finde ich ...?

Ich suche ....

Wie komme ich zum / zur 장소?

Ich suche einen / ein / eine 장소?

Wie weit ist es von hier bis zu 장소?

Das ist ganz einfach. Geradeaus und bei der zweiten Kreuzung rechts.

Circa 10 Minuten zu Fuß.

Sie müssen einen Bus nehmen.

Tut mir leid, ich bin auch fremd/neu hier. Ich bin nicht von hier.

Ach so. Schade.

Trotzdem! Danke schön!

::: Die Stadt

die Ampel   die Straße   der Platz   der Zebrastreifen

der Bürgersteig   der Park   der Bahnhof   das Café

das Geschäft
der Laden   der Supermarkt   das Kino   die Bank

die Post   die Schule   das Hotel   das Krankenhaus

der Flughafen   das Stadion   das Restaurant   der Parkplatz

::: Die Zahlen

Die Grundzahlen

0 null	10 zehn	20 zwanzig
1 eins	11 elf	21 einundzwanzig
2 zwei	12 zwölf	22 zweiundzwanzig
3 drei	13 dreizehn	23 dreiundzwanzig
4 vier	14 vierzehn	24 vierundzwanzig
5 fünf	15 fünfzehn	25 fünfundzwanzig
6 sechs	16 sechzehn	26 sechsundzwanzig
7 sieben	17 siebzehn	27 siebenundzwanzig
8 acht	18 achtzehn	28 achtundzwanzig
9 neun	19 neunzehn	29 neunundzwanzig
30 dreißig	40 vierzig	50 fünfzig
60 sechzig	70 siebzig	80 achtzig
90 neunzig	100 (ein)hundert	101 hunderteins

102 hundertzwei	123 hundertdreiundzwanzig
200 zweihundert	1.100 tausendeinhundert
10.000 zehntausend	20.000 zwanzigtausend
1.000.000 eine Million	2.000.000 zwei Millionen

::: Telefonnummer

Herr Spranz, wie ist Ihre Telefonnummer?

Meine Telefonnummer ist 2 – 4 – 5 – 6 – 7 – 1.

Wie bitte?

Meine Telefonnummer ist 24 56 71.

Und wie ist Ihre Handynummer?

0172 753 4609.

Übungen

1. Wie ist deine Handynummer?

2. Meine Handynummer ist ... .

::: Adresse

Straße | Hausnummer | Postleitzahl | Wohnort

1 ——— Messedamm   22 ——— 2

3 ——— 14055   Berlin ——— 4

Dialog 2

Im Supermarkt

Verkäuferin	Was darf es sein?
Hana	Was kosten 100g Schinken?
Verkäuferin	100g Schinken kosten zwei Euro.
Hana	Dann bitte 200g!
Verkäuferin	Sonst noch etwas?
Hana	Ich brauche auch ein Stück Käse.
Verkäuferin	Ja, natürlich!
	Wieviel Gramm möchten Sie?
Hana	Was kostet der Emmentaler?
Verkäuferin	100 Gramm kosten 99 Cent.
Hana	100g reicht. Danke!
	Wie viel macht das?
Verkäuferin	Das macht zusammen 4 Euro 99.
	Hana gibt der Verkäuferin ihre EC-Karte.
Verkäuferin	Brauchen Sie keine Tüte?
Hana	Nein, danke. Ich habe meine Tasche dabei!

Grammatik

동사변화 (2)

A.

Ich *fahre* mit dem Bus.

Du *fährst* mit dem Bus.

Er *fährt* mit dem Bus.

Wir *fahren* mit dem Bus.

Ihr *fahrt* mit dem Bus.

Sie *fahren* mit dem Bus.

Sie *fahren* mit dem Bus.

B.

Ich *esse* gern einen Apfel.

Du *isst* gern einen Apfel.

Er *isst* gern einen Apfel.

Wir *essen* gern einige Äpfel.

Ihr *esst* gern einige Äpfel.

Sie *essen* gern einige Äpfel.

Sie *essen* gern einige Äpfel.

C.

Ich *lese* eine deutsche Zeitung.

Du *liest* eine deutsche Zeitung.

Er *liest* eine deutsche Zeitung.

Wir *lesen* eine deutsche Zeitung.

Ihr *lest* eine deutsche Zeitung.

Sie *lesen* eine deutsche Zeitung.

Sie *lesen* eine deutsche Zeitung.

》》 격 (III): 주격/여격 《《

		주격	여격
단수		ein Gast	Er bringt *einem Gast* eine Tasse Tee.
		der Gast	*dem Gast*
		eine Kollegin	Sie gibt *einer Kollegin* ihre Adresse.
		die Kollegin	*der Kollegin*
		ein Kind	Ich schenke *einem Kind* ein Bilderbuch.
		das Kind	*dem Kind*
복수		die Eltern	Sie zeigen *den Eltern* die Stadt.

Übungen

1. Ich gebe _____ Mann das Buch.

2. Ich gebe _____ Frau die CD.

3. Ich gebe _____ Kind den Ball.

4. Ich gebe _____ Frauen die Bücher.

Kurzinfo

유로(Euro)

유럽 연합(EU)의 공식 통화인 유로(통화 기호: €, 코드: EUR, 영어: euro)
는 19개국의 유럽 연합 가입국과 유럽 연합에 가입하지 않은 9개국에서 통
용되며, 유로가 통용되는 국가를 통틀어 유로존이라고 한다. 유로는 100센트로 나뉘
며(or 1유로는 100센트이며), 미국 센트 등 특정 국가의 옛 통화와 구별할 때는 유로센트라고
부르기도 한다. 지폐는 5유로부터, 10, 20, 50, 100, 200, 500유로까지 발행되며, 주화는 센
트와 유로 단위로 발행되는데, 센트 주화는 1(유로)센트부터 2, 5, 10, 20, 50센트 단위로 제
작되며 유로 주화는 1, 2유로로 제작된다. 화폐의 도안은 유럽의 예술사를 대표하는 건축물로
디자인된다.

< Lektion 5 >

Wie spät ist es?

Dialog 1

Julia	Mama, wie spät ist es jetzt?
Mutter	Es ist acht Uhr.
	Wann beginnt die Vorlesung?
Julia	Um halb zehn.
	Ich habe noch etwas Zeit bis mein Bus kommt.
Mutter	Um wieviel Uhr kommt er denn?
Julia	Um zehn nach acht.
Mutter	Beeil dich!
	Treffen wir uns dann am Nachmittag vor dem
	Hauptbahnhof?
	Wir müssen unbedingt einkaufen gehen.
Julia	Ja, um Viertel vor drei? Passt das?
Mutter	Super, bis später!
Julia	Bis dann!

... Uhr

5 vor ...   5 nach ...

10 vor ...   10 nach ...

Viertel vor ...   **Viertel nach ...**

20 vor ...   20 nach ...

5 nach halb ...   5 vor halb ...

halb ....

::: **Formell**

Es ist 8 Uhr 5 / 20 Uhr 5.

Es ist 9 Uhr 15 / 21 Uhr 15.

Es ist 10 Uhr 25 / 22 Uhr 25.

Es ist 11 Uhr 30 / 23 Uhr 30.

Es ist 15 Uhr 45 / 3 Uhr 45.

::: **Informell**

Es ist fünf nach acht.

Es ist Viertel nach neun.

Es ist fünf vor halb elf.

Es ist halb zwölf.

Es ist Viertel vor vier.

Wendungen

1. Wieviel Uhr ist es?

   Zehn Uhr achtunddreißig.

2. Wie spät ist es?

   Zehn Minuten vor elf.

3. Um wieviel Uhr beginnt die Vorlesung?

   Um Viertel nach zehn.

4. Wann fährst du?

   Am Dienstag.

5. Wann und wo treffen wir uns?

   Um halb acht am Bahnhof.

6. Wie lange fahren wir?

   Fast sechs Stunden.

7. Wie oft fahren die Busse?

   Alle zehn Minuten.

8. Wann kommt der Zug an?

   Der Zug kommt um 16.30 (sechzehn Uhr dreißig) an.

Übungen

1. 9.00 Uhr = neun Uhr

2. 9.05 Uhr = fünf (Minuten) nach neun

3. 9.10 Uhr =

4. 9.15 Uhr =

5. 9.30 Uhr =

6. 9.45 Uhr =

7. 10.23 Uhr =

Text 2

Eine E-Mail

20.11.20.. 15:18

Von:	bettinaholz@mailservice.com
Betreff:	Betreff: Grüße aus Berlin
An:	mariawinterscheid@mailservice.com

Liebe Maria,

jetzt bin ich schon vier Tage hier und ich vermisse dich sehr. Berlin gefällt mir
sehr gut.

Die Stadt ist groß und international. Die Leute hier sind auch sehr freundlich.

Gestern habe ich meine Tante besucht und ihr die Fotos von unserer Reise
nach Italien gezeigt.

Leider ist das Wetter nicht so gut. Es regnet die ganze Zeit.

Aber das macht nichts. Die Museen sind toll genug.

Wie geht es dir? Was machst du ohne mich?

Liebe Grüße
deine Bettina

P.S.: Liebe Grüße auch von Tante Anna!
1 Anhang: fotosvonberlin.jpg

::: SMS

lesen

speichern

beantworten

schreiben

Eine SMS

löschen

öffnen

schicken

Hi Hana, ich kann heute leider nicht. Ich muss meine Oma im Krankenhaus besuchen. Können wir uns morgen treffen?
Jenny

Natürlich. Wann denn? Um 11 Uhr?

LG
Hana

Geht auch 10 Uhr?

Hdl
Jenny

Alles klar! Bis morgen!

VG
Hana

Hdl = Hab dich lieb   LG = Liebe Grüße   VG = Viele Grüße

::: **Wie ist das Wetter?**

Es blitzt.	Es donnert.
Es dunkelt.	Es friert.
Es hagelt.	Es nebelt.
Es regnet.	Es schneit.
Es weht.	
Es ist hell.	Es ist dunkel.
Es ist heiß.	Es ist feucht.
Es ist kühl.	Es ist kalt.
Es ist warm.	Es ist schwül.

Die Sonne scheint.

Es ist warm. Es sind 25 Grad.

Es ist kalt. Es sind minus 2 Grad.

Es ist kühl. Es sind plus 8 Grad.

Grammatik

동사의 격 지배

3격 지배

helfen: Ich helfe dem Freund.

gefallen: Das Arbeitszimmer gefällt der Freundin gut.

antworten: Hans antwortet dem Lehrer schnell.

gehören: Wem gehört die CD?

fehlen: Was fehlt dem Kind?

nützen: Das Buch nützt den Studenten.

4격 지배

kennen: Kennst du das Schild hier?

brauchen: Brauchst du eine Fahrkarte?

haben: Wir haben keinen Wagen.

holen: Ich hole das Frühstück.

lesen: Ich lese gern Comics.

besuchen: Hans besucht die Frau.

>>> 인칭대명사 3격과 4격 <<<

1격	ich	du	Sie	er	es	sie
3격	mir	dir	Ihnen	ihm	ihm	ihr
4격	mich	dich	Sie	ihn	es	sie
1격	wir	ihr	Sie	sie		
3격	uns	euch	Ihnen	ihnen		
4격	uns	euch	Sie	sie		

Übungen

A.

1. Hilfst du _____?

   Ja, ich helfe dir.

2. Hilfst du ihm?

   Ja, ich helfe _____.

3. Besuchst du mich?

   Ja, ich besuche _____.

4. Besuchst du uns?

   Ja, ich besuche _____.

B.

1. Gibst du den Kindern den Ball?

   Ja, ich gebe ihnen den Ball.

2. Schicken Sie den Frauen die Blumen?

   Ja, wir schicken _____.

3. Kaufen Sie der Tochter ein Kleid?

   Ja, ich kaufe _____.

4. Schreibt er dem Lehrer einen Brief?

   Ja, er schreibt _____.

5. Zeigt er den Schülern die Bilder?

   Ja, er zeigt _____.

Kurzinfo

독일 기후

독일의 기후는 대체로 온화한 온대성 기후로서, 연평균 기온은 9℃(-10℃~30℃) 정도이다.
1월(평균 0℃)이 가장 춥고, 여름에는 고온일 경우에도 습기가 적어 체감 온도는 그렇게 높지 않
다. 지도상 대략 북위 47°-54.5°에 걸쳐 있어, 여름의 일몰 시간은 오후 9시 30분경, 겨울의 일
몰 시간은 오후 4시 30분 정도이다.

< **Lektion 6** >

Wo ist meine Brille?

Dialog 1

Julia	Mama, wo ist meine Brille?
	Ich finde sie nicht.
Mutter	Auf deinem Tisch?
Julia	Nein, da ist sie nicht!
Mutter	Unter dem Kissen?
Julia	Auch nicht.
Mutter	Hmm... Vielleicht vor dem Fernseher?
	In der Schublade?
	Hinter dem PC?
	Oder zwischen den Büchern?
Julia	Ja, da ist sie! Danke!
Mutter	Bitte!

Grammatik

3격 지배 전치사

aus   mit   nach   bei   von   zu   seit   gegenüber   außer

aus: Kristy kommt aus der Küche.

mit: Sie fährt mit dem Bus.

nach: Der Zug fährt nach Bonn.

bei: Sie wohnt bei der Kusine.

von: Die Garage ist links vom Haus.

zu: Kommst du jetzt zu mir?

seit: Seit einer Woche bin ich hier.

gegenüber: Dem Konzertsaal gegenüber ist das Theater.

4격 지배 전치사

durch   für   gegen   ohne   entlang   um   bis

durch: Der Dieb kommt durch das Fenster.

für: Das Schinkenbrot ist für Herrn Meyer.

gegen: Das Auto fährt gegen die Wand.

ohne: Ich trinke Kaffee ohne Zucker.

entlang: Sie gehen die Straße entlang.

um: Um sieben Uhr bin ich wieder zu Hause.

bis: Wir fahren bis München.

Übungen

1. Die Tabletten sind gut _____ Kopfschmerzen.

2. Der Supermarkt liegt _____ dem Rathaus.

3. Fährst du _____ uns nach Italien?

4. Er sucht einen Parkplatz schon _____ einer halben Stunde.

5. Der Unterricht beginnt _____ 9 Uhr.

전치사와 정관사 결합형

am - an dem   ans - an das   aufs - auf das

im - in dem   ins - in das   vom - von dem

zum - zu dem   zur - zu der   übers - über das

3, 4격 지배 전치사

an   auf   hinter   in   neben   über   unter   vor   zwischen   hinter

an: Das Bild hängt an der Wand.
      Er hängt das Bild an die Wand.

auf: Die Zeitung liegt auf dem Tisch.
      Ich lege die Zeitung auf den Tisch.

unter: Der Teppich liegt unter dem Tisch.
      Der Ball rollt unter den Tisch.

vor: Der Tisch steht vor dem Sofa.
      Ich stelle den Tisch vor das Sofa.

Übungen

1. Die Brille liegt _____.

2. Die Bücher stehen _____.

3. Die Lampe hängt _____.

4. Das Kissen liegt _____.

5. Die Tasche steckt _____.

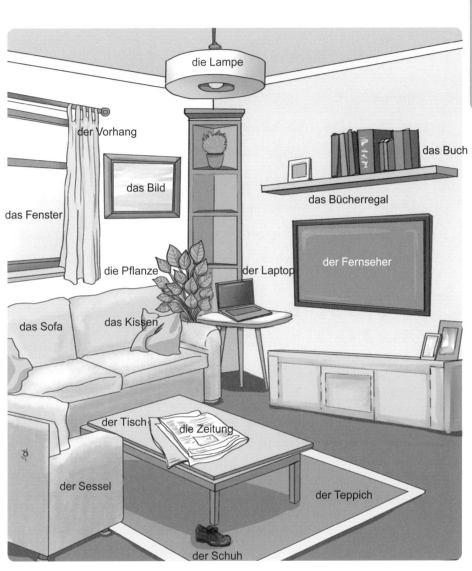

die Lampe

der Vorhang

das Bild

das Fenster

das Buch

das Bücherregal

die Pflanze

der Laptop

der Fernseher

das Sofa

das Kissen

der Tisch

die Zeitung

der Sessel

der Teppich

der Schuh

59

Dialog 2

Im Hotel

George	Guten Abend!
	Ich habe ein Zimmer für eine Nacht reserviert.
Empfangsdame	Guten Abend!
	Ihr Name, bitte?
George	Mein Name ist Jackson.
Empfangsdame	Einen Moment, bitte ...
	Jackson ... Ein Doppelzimmer mit Bad...
George	Nein, ein Einzelzimmer mit Dusche!
Empfangsdame	Sie kommen aus Birmingham, Herr Jackson?
George	Nein, ich komme aus London.
	Hier ist die Bestätigung.
Empfangsdame	Herr Jackson aus London...
	Ah, das stimmt. Zimmer acht, im ersten Stock.
	Hier ist der Schlüssel.
George	Danke schön!
Empfangsdame	Bitte schön!

Kurzinfo

독일 여행

독일을 찾은 외국인 관광객은 전체 숙박일수의 43%를 소위 '마법의 도시(Magic Cities)'라고 일컬어지는 11개 도시에서 보낸 것으로 집계됐다. 이 도시들 중에서도 가장 사랑받는 도시는 베를린이다. 2017년 독일관광청이 실시한 설문조사에 의하면 함부르크의 미니어처 원더랜드, 루스트의 유로파파크, 노이슈반슈타인 성이 외국인 관광객에게 가장 많은 사랑을 받은 독일의 3대 관광지로 꼽혔다.

출처: Tatsachen über Deutschland

61

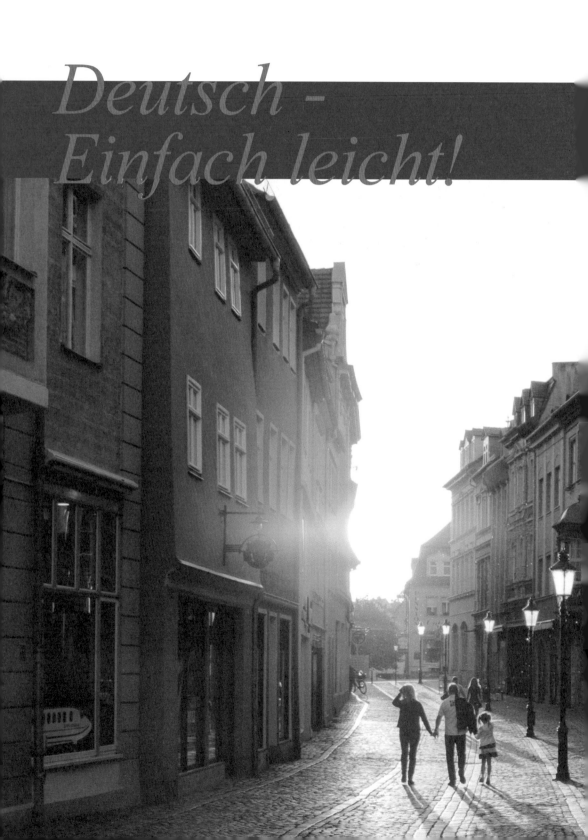

Deutsch –
Einfach leicht!

Liebes Tagebuch

Text 1

Früher *hatte* ich keine Zeit.

Ich *hatte* Geld, ein Auto, ein Haus.

Und ich *hatte* Freunde, viele Freunde.

Aber ich *hatte* keine Zeit.

Ich *war* Schauspieler.

Ich *hatte* Erfolg.

Ich *war* berühmt.

Dann *war* ich Politiker.

Da *hatte* ich Macht.

Ich *hatte* ein Flugzeug und viele Telefone.

>>> 동사의 과거 인칭 변화 <<<

	sagen	arbeiten	müssen	wollen	wohnen
ich	sagte	arbeitete	musste	wollte	wohnte
du	sagtest	arbeitetest	musstest	wolltest	wohntest
er	sagte	arbeitete	musste	wollte	wohnte
wir	sagten	arbeiteten	mussten	wollten	wohnten
ihr	sagtet	arbeitetet	musstet	wolltet	wohntet
sie	sagten	arbeiteten	mussten	wollten	wohnten

	kommen	gehen	fahren	sprechen	verlassen
ich	kam	ging	fuhr	sprach	verließ
du	kamst	gingst	fuhrst	sprachst	verließt
er	kam	ging	fuhr	sprach	verließ
wir	kamen	gingen	fuhren	sprachen	verließen
ihr	kamt	gingt	fuhrt	spracht	verließt
sie	kamem	gingen	fuhren	sprachen	verließen

	verlieren	bleiben	sein	haben	werden
ich	verlor	blieb	war	hatte	wurde
du	verlorst	bliebst	warst	hattest	wurdest
er	verlor	blieb	war	hatte	wurde
wir	verloren	blieben	waren	hatten	wurden
ihr	verlort	bliebt	wart	hattet	wurdet
sie	verloren	blieben	waren	hatten	wurden

다양한 동사의 과거형태는 170~176 쪽을 찾아보자.

Übungen

1. Wir _____ (fahren) mit dem Auto in die Stadt.

2. Es _____ (geben) jeden Tag drei Vorstellungen.

3. Um wieviel Uhr _____ (kommen) der Zug in Bonn an?

4. Ich _____ (tragen) den Koffer in das Haus.

5. In der Deutschstunde _____ (sprechen) wir immer Deutsch.

Text 2

Liebes Tagebuch,

heute war mal wieder ein ganz normaler Tag.

Ich bin um sieben aufgestanden und zur Uni gegangen.

Nach der Vorlesung habe ich mich mit Jenny getroffen und wir

haben in der Mensa zu Mittag gegessen.

Die Pasta hat heute geschmeckt.

Nach dem Essen sind wir in die Bibliothek gegangen und haben uns

Bücher geliehen.

Hoffentlich wird es am Wochenende etwas spannender.

Jenny, Dennis und ich wollen nämlich einen Ausflug in den Zoo

machen.

So viel für heute.

Deine Hana

Grammatik

현재완료

Was hat Herr Kim gemacht?

Er hat auf Herrn Park gewartet.

wohnen - gewohnt

kaufen - gekauft

lieben - geliebt

kochen - gekocht

spielen - gespielt

holen - geholt

Er hat noch kein Wort gesprochen.

Wo hast du es gefunden?

kommen - gekommen

gehen - gegangen

stehen - gestanden

bleiben - geblieben

sein - gewesen

werden - geworden

::: haben oder sein?

Er hat ...	Kaffee	gehabt.
	Brötchen	gelesen.
	die Zeitung	genommen.
	den Bus	geschrieben.
	einen Brief	gegessen.
	keine Zeit	getrunken.
Er ist	ins Bad	gefahren.
	in die Stadt	gekommen.
	schließlich	gegangen.
	in Paris	gewesen.

* sein, bleiben, werden, geschehen, passieren, gelingen, folgen, begegnen ......

Übungen

1. Ich habe ihn heute nicht _____ (sehen).

2. Die Schüler haben fleißig _____ (lernen).

3. Niemand hat Deutsch _____ (sprechen).

4. Wann haben Sie das Auto _____ (verkaufen)?

5. Sie hat einen neuen Hut _____ (kaufen).

Kurzinfo

독일의 대학생활

독일에는 총 300여개의 대학교가 있으며, 일반대학교(Universität), 공과대학(Technische Universität), 교육대학(Pädagogische Universität), 미술대학(Kunsthochschule), 음악대학(Musikhochschule), 전문대학(Fachhochschule), 전문대학과 일반대학을 합친 종합대학(Gesamthochschule) 등이 있다. 독일의 대학생은 국가에서 등록금이나 학비지원 혜택을 용이하게 받을 수 있을 뿐만 아니라 교통요금을 비롯하여 각종 미술관, 박물관, 극장입장료 및 공과금을 할인받는 등 다양한 혜택을 누릴 수 있다.

< **Lektion 8** >

Guten Appetit!

Dialog 1

Laura und Julia gehen gemeinsam zum Mittagessen ins Restaurant.

Bedienung	Guten Tag!
	Sie wünschen?
Laura	Guten Tag! Können wir die Speisekarte haben?
Bedienung	Aber natürlich! Darf ich Ihnen die Getränke schon
	holen?
Laura	Ich hätte gern eine Cola.
Bedienung	Ja, und Sie?
Julia	Für mich eine Glas Wein, bitte!
Bedienung	In Ordnung! Ich bin gleich wieder da.

Nach einer Weile kommt die Bedienung mit den Getränken zurück.

Bedienung	Hier sind Ihre Getränke.
	Haben Sie sich entschieden?
	Was darf es sein?
Laura	Ja, ich möchte gern Spaghetti.
Julia	Und ich nehme einen Wurstsalat. Ich bin nicht so hungrig.
Bedienung	Alles klar.
	Sonst noch etwas?
Laura	Nein, danke.

Laura und Julia sind fertig und möchten bezahlen.

Julia	Die Rechnung, bitte!
Bedienung	Zusammen oder getrennt?
Laura	Zusammen, bitte.
Bedienung	Das macht 18,20 Euro.
Laura	Hier sind 20 Euro. Stimmt so.
Bedienung	Vielen Dank. Hat das Essen geschmeckt?
Julia	Ja, sehr. Danke!

• *Zum Bären* •

Kleine Speisen

Käsebrot	2,80€
Wurstsalat	5,50€
Grüner Salat	5,50€

Alkoholfreie Getränke

Mineralwasser	1,90€
Cola/Sprite	1,90€
Saft	1,90€
Kaffee	1,70€
Tee	1,70€

Warmes Gericht

Pizza	6,40€
Lasagne	6,60€
Spaghetti	6,60€
Schnitzel	8,80€
Schweinebraten	11,50€
Fischgericht	12,40€

Bier und Wein

Paulaner	2,20€
Warsteiner	2,20€
Sekt	2,50€
Hauswein	4,20€

Nachspeise

Käsekuchen 1St.	2,70€
Obstkuchen	2,70€
Torte	3,20€
Eis (1 Kugel)	1,50€

Wendungen

Guten Appetit!

Danke, ebenfalls / gleichfalls.

Haben sie schon reserviert?

Ja, ich habe einen Tisch für zwei Personen reserviert.

Zum Mitnehmen

Zum Hier-Essen

Grammatik

》》 화법조동사의 현재인칭변화 《《

	dürfen	können	mögen		müssen	sollen	wollen
			mögen	möchte			
ich	darf	kann	mag	möchte	muss	soll	will
du	darfst	kannst	magst	möchtest	musst	sollst	willst
er	darf	kann	mag	möchte	muss	soll	will
wir	dürfen	können	mögen	möchten	müssen	sollen	wollen
ihr	dürft	könnt	mögt	möchtet	müsst	sollt	wollt
sie	dürfen	können	mögen	möchten	müssen	sollen	wollen

1. müssen

   Ich muss nach Haus gehen.

   Jetzt muss er in Berlin sein.

2. sollen

   Du sollst nicht stehlen.

   Der König soll auf Reisen sein.

   Was soll ich tun?

3. können

   Ich kann Flöte spielen.

   Kann man hier Theaterkarten kaufen?

   Du kannst gern mein Auto nehmen.

   Er kann kommen.

4. mögen

   Ich mag moderne Musik.

   Die Frau mag dreißig Jahre alt sein.

5. dürfen

Darf ich etwas fragen?

Hier darf man nicht rauchen.

Das darf nicht wahr sein.

6. wollen

Ich will Physik studieren.

7. möchte

Ich möchte bitte ein Kilo Tomaten.

Ich möchte im nächsten Urlaub nach Italien fahren.

Übungen

1. Christina muss arbeiten. Sie _____ nicht mitkommen.

2. Wir _____ bis Seite fünfzig lesen.

3. Niemand _____ im Theater rauchen.

4. _____ du Deutsch?

5. Die Jungen _____ auf der Straße Fußball spielen.

독일의 식문화

독일 전반적으로 투박하면서도 소박한 고기 요리가 많고 지방마다 개성을 살린 부르스트(소시지)가 발달했다. 흰 빵보다는 잡곡을 섞고 씨앗류를 듬뿍 넣어 만든 거칠지만 건강한 빵이 많이 소비된다. 독일을 대표하는 음식으로는 Schnitzel, Schweinehaxen, Bratwurst, Currywurst, Sauerkraut, Kartoffelsalat, Brezel 등을 꼽을 수 있다.

Dialog 2

Rufen Sie nochmal an!

Frau Richter	Firma ABC, Angelika Richter, Guten Tag!
Herr Müller	Hier ist Müller, guten Tag!
	Ich möchte mit Herrn Kohl sprechen.
Frau Richter	Bleiben Sie bitte am Apparat! Ich sehe nach...
	Leider ist er noch nicht hier.
	Rufen Sie bitte am Nachmittag noch einmal an!
Herr Müller	Wann kommt er zurück?
Frau Richter	Vielleicht zwischen zwei und halb drei.
	Möchten Sie eine Nachricht hinterlassen?
Herr Müller	Ja. Sagen Sie ihm bitte, er soll mich aurufen, wenn
	er zurückkommt.
Frau Richter	Gern, Herr Müller! Auf Wiederhören!
Herr Müller	Auf Wiederhören, Frau Richter!

Wendungen

Ich rufe Sie zurück.

Hier ist ... . Mit wem spreche ich?

Der Anruf ist für dich.

Mein Handy klingelt.

Ich gehe ran.

Ich höre dich nicht richtig.

Die Verbindung ist schlecht.

Grammatik

분리동사

ankommen, einkaufen, aufstehen, aussteigen, abfahren, vorhaben, mitbringen, wegfahren, zurückkommen, stattfinden, teilnehmen ......

비분리동사

besuchen, gefallen, entfernen, empfehlen, erklären, verkaufen, zerbrechen, mißverstehen ......

Übungen

beginnen, anziehen, verstehen, verkaufen, zuhören, aufstehen, abholen, bekommen, erzählen, aufräumen

1. Gisela ＿＿＿＿＿ ihrer Nichte eine Geschichte ＿＿＿.

2. Ich ＿＿＿＿＿ kein Deutsch ＿＿＿.

3. Wir ＿＿＿＿＿ uns die neuen Anzüge ＿＿＿.

4. Frau Klein ＿＿＿＿＿ ihren Sohn von der Schule ＿＿＿.

5. Die Schule ＿＿＿＿＿ um 9 Uhr ＿＿＿.

6. Zum Geburtstag ＿＿＿＿＿ die Kinder viele Geschenke ＿＿＿.

7. Die Mutter ＿＿＿＿＿ den Kindern ＿＿＿.

8. Vor der Party ＿＿＿＿＿ wir unsere Wohnung ＿＿＿.

9. Frau Müller ＿＿＿＿＿ jeden Tag um 6 Uhr ＿＿＿.

10. Hans ＿＿＿＿＿ sein altes Auto ＿＿＿.

< **Lektion 9** >

Mein Video wurde von mehr als 1.000 Menschen gesehen

Dialog 1

Julia	Papa, das Internet funktioniert nicht!
	Hast du eine WLAN-Verbindung?
	Ich kann mit dem Handy auch nicht ins Internet.
Vater	Der alte Vertrag wurde vorgestern gekündigt.
	Wir haben seit gestern einen neuen Anbieter.
	Du musst dich neu einloggen.
Julia	Wie lautet das Passwort?
	Ich muss dringend eine E-Mail an Anna schreiben.
	Und ich wollte ein neues Video auf Youtube hochladen.
	Mein letztes wurde schon von mehr als 1.000 Menschen gesehen.
Vater	Super!
	Hier ist das Passwort.

::: **Digitale Medien**

die App, der Benutzername, der Computer, die Datei, die E-Mail, das Handy,

das (Internet-)Forum, das Kennwort, das Programm, das Smartphone, die SMS,

die Startseite

@ at (engl.)

. Punkt

- Minus

Grammatik

::: 수동형

현재

Petra liest das Buch.

Das Buch wird von Petra gelesen.

Der Mechaniker kann das Auto reparieren.

Das Auto kann von dem Mechaniker repariert werden.

과거

Petra las das Buch.

Das Buch wurde von Petra gelesen.

Der Mechaniker konnte das Auto reparieren.

Das Auto konnte von dem Mechaniker repariert werden.

현재완료

Petra hat das Buch gelesen.

Das Buch ist von Petra gelesen worden.

man

Man verhaftete den Dieb.

Der Dieb wurde verhaftet.

von, mit oder durch?

Die Studentin wurde von dem Professor gelobt.

Das Zimmer wird mit vielen Blumen geschmückt werden.

Die kleine Stadt ist durch das Erdbeben zerstört worden.

Übungen

1. Er schreibt einen Brief. - _____

2. Er ruft mich an. - _____

3. Die Eltern lieben mich. - _____

4. Der Mechaniker hat das Auto repariert. - _____

5. Die Frau hat das Wohnzimmer aufgeräumt. - _____

Text 2

Gesundheit und Wellness

Muss man erst krank werden, um die Gesundheit zu schätzen?

Was war schon, was kommt noch? Die große Frage an das Leben erfüllt

uns meist zwischen 40 und 50 gar nicht mit Freude, sondern häufig

mit Angst und Zweifel. Zeit, aufs neue zu beginnen? Gesundheit und

Wellness sind heutzutage wichtiger denn je. Hier bieten wir Ihnen

Informationen und Tipps, Ihrem Körper regelmäßig etwas Gutes zu tun.

::: 접속사

병렬접속사

und, aber, oder, nicht ~ sondern, denn

부사적 접속사

deshalb, darum, daher, trotzdem, also, dann, sonst, außerdem

종속접속사

wenn, als, dass, ob, bevor, während, nachdem, obwohl, weil

상관접속사

zwar ~ aber, entweder ~ oder, weder ~ noch, nicht nur ~ sondern auch

::: 부정사

A. Infinitiv ohne 'zu'

sehen, hören, fühlen, lassen, machen, helfen, bleiben, gehen ……

1. Ich sehe meinen Vater im Garten arbeiten.

2. Der Mann bleibt im Bett liegen.

3. Hans geht essen.

4. Sie hilft ihrer Mutter kochen.

5. Die Mutter lässt ihre Kinder im Garten spielen.

B. Infinitiv mit 'zu'

1. Es ist nicht schwer, Deutsch zu lernen.

2. Ich hoffe, Sie bald wiederzusehen.

3. Er hat angefangen zu arbeiten.

4. Ich habe keine Lust, zu arbeiten und auch keine Lust, etwas zu lernen.

C. damit – um-zu

Ich fahre mit dem Auto, *damit* ich pünktlich am Bahnhof bin.

Ich fahre mit dem Auto, *um* pünktlich am Bahnhof *zu* sein.

Übungen

1. Komm doch mal! - Ich habe keine Zeit zu kommen.

2. Hilf doch mal! - _____.

3. Wollt ihr ins Kino gehen? - _____.

4. Wollen Sie etwas lernen? - _____.

5. Warte doch mal! - _____.

독일인의 여가활동

독일인은 워라벨(work life ballance)을 가장 중요시 여기며 일과 여가시간을 엄격히 분리하는 성향으로 유명하다. Statista의 2018년 통계에 의하면, 독일인이 여가시간에 하는 일은 Fernsehen, Radio hören, Musik hören, Telefonieren, Internet, Zeit mit dem Partner verbringen, Ausschlafen, Social Media nutzen, Nichtstun 순으로 집계되었다.

< **Lektion 10** >

Welche Größe haben Sie?

Dialog 1

Verkäuferin	Darf ich Ihnen helfen?
Hana	Guten Tag, ich suche ein leichtes Sommerkleid.
	Aber ich kann in meiner Größe nichts finden.
Verkäuferin	Welche Größe haben Sie?
Hana	Größe 30.
Verkäuferin	Wie finden Sie diesen braunen Rock.
	Bitte probieren Sie ihn mal!
Hana	Dieser braune Rock passt mir sehr gut.
	Und die braune Farbe ist auch wunderschön.
	Ich nehme ihn gern.
Verkäuferin	Brauchen Sie sonst noch etwas?
Hana	Ja, ich brauche auch eine schöne Bluse.
Verkäuferin	Diese neue, schwarze Bluse ist sehr schick und
	auch preiswert.

	Wie gefällt sie Ihnen?
Hana	Die Farbe gefällt mir nicht.
	Ich hätte lieber eine hellere Farbe.
	Zeigen Sie mir bitte die weiße Bluse dort!
Verkäuferin	Ja, natürlich.
Hana	Ich glaube, die weiße Bluse passt gut zum braunen Rock.

Grammatik

》》 형용사 어미변화 《《

	단 수			복수
	남성	중성	여성	
1	der Mann alter Mann der alte Mann ein alter Mann	das Buch neues Buch das neue Buch ein neues Buch	die Frau nette Frau die nette Frau eine nette Frau	die Frauen junge Frauen die jungen Frauen
2	des Mannes alten Mannes des alten Mannes eines alten Mannes	des Buch neuen Buches des neuen Buch eines neuen Buch	der Frau netter Frau der netten Frau einer netten Frau	der Frauen junger Frauen der jungen Frauen
3	dem Mann altem Mann dem alten Mann einem alten Mann	dem Buch neuem Buch dem neuen Buch einem neuen Buch	der Frau netter Frau der netten Frau einer netten Frau	den Frauen jungen Frauen den jungen Frauen
4	den Mann alten Mann den alten Mann einen alten Mann	das Buch neues Buch das neue Buch ein neues Buch	die Frau nette Frau die nette Frau eine nette Frau	die Frauen junge Frauen die jungen Frauen

》》 형용사의 명사적 용법(명사화) 《《

	남성	여성	복수
1격	der Deutsche	die Fremde	die Deutschen
2격	des Deutschen	der Fremden	der Deutschen
3격	dem Deutschen	der Fremden	den Deutschen
4격	den Deutschen	die Fremde	die Deutschen
1격	ein Deutscher	eine Fremde	Deutsche
2격	eines Deutschen	einer Fremden	Deutscher
3격	einem Deutschen	einer Fremden	Deutschen
4격	einen Deutschen	eine Fremde	Deutsche

Aber: das Gute, etwas Gutes, viel Gutes, alles Gute, nichts Neues ......

::: Die Farben

::: Adjektive

schnell	wenig
lang	schlecht
früh	nah
gut	langsam
viel	spät
teuer	alt
weit	billig
neu	kurz
einfach	schwierig

Dialog 2

Am Bahnhof

Hana	Guten Tag, ich möchte eine Fahrkarte nach Bremen.
Angestellter	Wann fahren Sie?
Hana	Am dritten Dezember!
Angestellter	Am Vormittag oder am Nachmittag?
Hana	Am Vormittag!
Angestellter	Einfach oder Hin- und Zurück?
Hana	Einfach, bitte!
	Muss ich umsteigen?
Angestellter	Keine Sorge, der Zug fährt direkt nach Bremen.
	Haben Sie eine Bahncard?
Hana	Nein, was ist das?
Angestellter	Eine Ermäßigungskarte.
	Wenn Sie eine Bahncard haben, erhalten Sie bis zu
	50% Ermäßigung.
Hana	Wieviel kostet die Karte ohne Bahncard?
Angestellter	Das macht 70,50 Euro.
Hana	Dann ohne Bahncard, bitte!
	Kann ich mit Kreditkarte zahlen?
Angestellter	Natürlich!
	Ich wünsche Ihnen eine gute Reise.
Hana	Danke schön!

》》 서수 《《

1. erst	11. elft	21. einundzwanzigst
2. zweit	12. zwölft	22. zweiundzwanzigst
3. dritt	13. dreizehnt	23. dreiundzwanzigst
4. viert	14. vierzehnt	24. vierundzwanzigst
5. fünft	15. fünfzehnt	25. fünfundzwanzigst
6. sechst	16. sechzehnt	26. sechsundzwanzigst
7. siebt	17. siebzehnt	27. siebenundzwanzigst
8. acht	18. achtzehnt	28. achtundzwanzigst
9. neunt	19. neunzehnt	29. neunundzwanzigst
10. zehnt	20. zwanzigst	30. dreißigst
100. hundertst	131. hunderteinunddreißigst	
201. zweihunderterst	1000. tausendst	

Der Kalender

Oktober 2025

KW	Montag	Dienstag	Mittwoch	Donnerstag	Freitag	Samstag	Sonntag
40		1	2	3 Tag der Deutschen Einheit	4	5	6
41	7	8	9	10	11	12	13
42	14	15	16	17	18	19	20
43	21	22 vorgestern	23 gestern	24 heute	25 morgen	26 übermorgen	27
44	28	29	30	31			

89

Wendungen

Jahr-Monat-Woche-Jahreszeit

Das Jahr beginnt am ersten Januar und endet am einunddreißigsten Dezember.

Ein Jahr hat 12 Monate:

Januar, Februar, März, April, Mai, Juni, Juli, August, September, Oktober, November, Dezember.

Die Woche hat 7 Tage:

Montag, Dienstag, Mittwoch, Donnerstag, Freitag, Samstag, Sonntag.

Wie heißen die Jahreszeiten?

- Sie heißen Frühling, Sommer, Herbst und Winter.

Der wievielte ist heute? - Heute ist der 10. Mai.

Den wievielten haben wir heute? - Heute haben wir den 3. März.

Am wievielten haben Sie Geburtstag? - Ich habe am 6. Oktober Geburtstag.

Welchen Wochentag haben wir heute? - Heute haben wir Montag.

Wann ist Ihr Geburtstag? - Der 1. Mai ist mein Geburtstag.

Wann haben Sie Geburtstag? - Ich habe am 6. Mai Geburtstag.

Wann und wo sind Sie geboren? - Ich bin am 7. Mai 2001 in Seoul geboren.

Endlich Freitag!

Schönes Wochenende!

Übungen

1. Wie viele Tage hat ein Jahr?

   Ein Jahr hat dreihundertfünfundsechzig Tage.

2. Wie viele Monate hat ein Jahr?

3. Wie viele Monate hat ein halbes Jahr?

4. Wie viele Tage hat eine Woche?

5. Welches ist der dritte Monat?

6. Welcher Monat hat 28 oder 29 Tage?

7. Wie heißen die sechs Werktage?

8. Welchen Wochentag haben wir heute?

독일의 휴일

Kurzinfo

독일의 공휴일은 1월 1일과 노동절(5월 1일) 그리고 통일 기념일(10월 3일)을 제외하면
모두 기독교 축일과 관련된 날이다.
부활절과 성령 강림절 그리고 크리스마스에는 항상 연휴로 쉰다.
그러나 부활절과 성령 강림절에는 일요일이 포함되어 있기에 독일 전체 공휴일은
1년에 9일밖에 안 된다.

1월 1일* 신년 (Neujahr)

1월 6일* 동방박사 날 (Heilige Drei Könige), 주(州)에 따라 다름

4월 18일 성금요일 (부활절 전 금요일: Karfreitag)

4월 20일 부활절 일요일 (Ostersonntag)

4월 21일 부활절 월요일 (Ostermontag)

5월 1일* 노동절 (Maifeiertag)

5월 29일 그리스도 승천일 (Christi Himmelfahrt)

6월 8일 성령 강림절 일요일 (Pfingstsonntag)

6월 9일 성령 강림절 월요일 (Pfingstmontag)

6월 19일 성체 축일 (Fronleichnam: 성령 강림절 후 둘째 목요일), 주(州)에 따라 상이 함

8월 15일* 성모 승천일 (Mariä Himmelfahrt), 주(州)에 따라 상이 함

10월 3일* 통일 기념일 (Tag der Deutschen Einheit)

10월 31일* 종교개혁일 (Reformationstag), 주(州)에 따라 상이 함

11월 1일* 만성절 (Allerheiligen), 주(州)에 따라 상이 함

11월 19일 속죄일 (Buß- und Bettag), 주(州)에 따라 상이 함

12월 25~26일* 크리스마스 휴일 (1. und 2. Weihnachtstag)

(＊는 매년 같은 날이며 그 이외는 기독교력에 따라 달라짐)

93

Ich möchte ein Auto mieten

Dialog 1

Hana möchte am Wochenende ein Auto mieten.

Hana	Guten Tag, ich möchte für dieses Wochenende ein Auto mieten.
Angestellter	Vom 13. bis zum 14. Oktober?
Hana	Genau! Für zwei Tage!
	Ich kann nur Automatik fahren.
Angestellter	Wie finden Sie diesen Mercedes?
Hana	Der ist mir etwas zu groß.
	Haben Sie einen kleineren?
	Ich werde alleine fahren und ich habe auch nicht viel Gepäck.
Angestellter	Ist ihnen dieser BMW lieber?

	Das ist der kleinste Wagen bei uns.
Hana	Ja, der gefällt mir besser.
	Wie viel kostet das?
Angestellter	Das macht 89,90 Euro. Hier ist Ihr Vertrag.
Hana	Kann ich den Mietwagen hier wieder abgeben?
Angestellter	Selbstverständlich!
	Tanken Sie bitte voll, bevor Sie den Wagen zurückbringen.
Hana	Mache ich! Vielen Dank! Auf Wiedersehen!
Angestellter	Auf Wiedersehen!

Grammatik

>>> 형용사의 비교변화 <<<

원급	비교급	최상급	원급	비교급	최상급
alt	älter	der älteste am ältesten	kurz	kürzer	der kürzeste am kürzesten
gern, lieb	lieber	der liebste am liebsten	lang	länger	der längste am längsten
groß	größer	der größte am größten	nah	näher	der nächste am nächsten
gut	besser	der beste am besten	viel	mehr	der meiste am meisten
hoch	höher	der höchste am höchsten	spät	später	der späteste am spätesten
jung	jünger	der jüngste am jüngsten	warm	wärmer	der wärmste am wärmsten

1. Das Haus ist alt.

   Dieses Haus ist älter, aber das dort drüben ist am ältesten.

2. Meine Schwester ist die beste Schülerin in der Klasse.

3. Korea ist im Herbst am schönsten.

4. Das Teuerste ist nicht immer das Beste.

Übungen

A.

1. Das Wetter wird immer _____ kälter _____. (kalt)

2. Die Tage werden _____ und _____. (lang)

3. Dieses Kleid ist _____ als jenes. (billig)

4. Tee trinke ich _____ als Kaffee. (gern)

5. Du trinkst heute viel. Ich trinke nicht _____ als du. (viel)

B.

1. Das ist mein __neuestes__ Kleid. (neu)

2. Das ist der _____ Tisch. (billig)

3. Hans ist mein _____ Freund. (gut)

4. Diesen Roman lese ich am _____. (gern)

5. Wie komme ich am _____ zum Bahnhof? (schnell)

 Kurzinfo

자동차 여행

세계적인 고속도로망 Autobahn으로 유명한 독일은 자동차로 여행하기 가장 좋은 유럽국가 중 하나라고 할 수 있다. 렌트카 비용도 비교적 저렴한 편이기 때문에, 주변국을 여행할 경우에도 렌트카를 이용하는 것을 추천한다. 차량 예약시 유의할 점은 자동기어 차량의 수요가 거의 없어 지동기어 차량 이용을 원할 경우에는 반드시 미리 예약해야 한다는 것이다. 독일의 주유소는 보통 셀프 주유소인데, 한국과 달리 주기기에서 직접 결제하는 방식이 아니라, 주유를 한 후 주유기의 숫자를 주유소 직원에게 알려주고 계산하면된다.

Dialog 2

Hana und Jochen haben sich für ein Mittagsessen
in der Mensa verabredet.

Hana	Hallo, Jochen.
	Tut mir leid, mein Bus hat sich verspätet.
Jochen	Kein Problem!
Hana	Ist der Platz hier frei?
Jochen	Natürlich! Setz dich!
Hana	Was hast du dir bestellt?
Jochen	Ich habe mir den Eintopf genommen.
Hana	Ich hole mir dann auch schnell einen Salat.

Hana und Jochen unterhalten sich beim Essen.

Hana	Ich freue mich schon richtig auf die Winterferien.
Jochen	Was hast du vor?
Hana	Ich will unbedingt nach Italien.
	Ich habe mich schon immer für die italienische Architektur interressiert.
Jochen	Wirklich? Ich werde einen Monat in Rom sein.
	Mein Bruder wird nächstes Jahr dort sein Studium beginnen.
Hana	Dann können wir uns ja alle in Rom treffen.
Jochen	Das wär toll! Meld dich einfach!

Grammatik

>>> 재귀대명사의 격변화 <<<

단수	ich	du	er / es / sie	복수	wir	ihr	sie (Sie)
3격	mir	dir	sich	3격	uns	euch	sich
4격	mich	dich	sich	4격	uns	euch	sich

A.

Ich wasche *mich*.

Du wäschst *dich*.

Er (es, sie) wäscht *sich*.

Wir waschen *uns*.

Ihr wascht *euch*.

Sie waschen *sich*.

B.

Ich wasche *mir* die Hände.

Du wäschst *dir* die Hände.

Er (es, sie) wäscht *sich* die Hände.

Wir waschen *uns* die Hände.

Ihr wascht *euch* die Hände.

Sie waschen *sich* die Hände.

Übungen

1. Meine Tochter hat _____ gestern erkältet.

2. Er freut _____ , seinen Freund zu sehen.

3. Wo kann ich _____ die Hände waschen?

4. Die Leute begrüßen _____ sehr herzlich.

5. Ich interessiere _____ nicht für Kunst.

99

< **Lektion 12** >

Mein Hals tut weh!

Dialog 1

Laura hat telefonisch einen Termin bei Doktor Meier vereinbart.
Jetzt ist sie in der Praxis.

Doktor Meier	Guten Tag! Nehmen Sie Platz. Was kann ich für Sie tun?
Laura	Ich glaube, ich habe eine Erkältung.
	Ich habe leichtes Fieber und muss die ganze Zeit husten.
	Mein Hals tut weh.
Doktor Meier	Seit wann haben Sie diese Beschwerden?
Laura	Seit ungefähr vier Tagen.
Doktor Meier	Machen Sie bitte Ihren Mund auf und sagen Sie, Aah!
Laura	Aaaaaaah!
Doktor Meier	Sie haben die Grippe, die zurzeit viele haben.
	Ich verschreibe Ihnen etwas gegen Husten.
Laura	Danke schön!
Doktor Meier	Bitte schön! Auf Wiedersehen!
Laura	Auf Wiedersehen!

Laura geht in die Apotheke, um sich das Medikament zu holen.

Apothekerin	Guten Tag.
Laura	Guten Tag. Ich habe ein Rezept, das ich von Doktor Meier bekommen habe.
Apothekerin	Moment bitte, ich bin gleich wieder da.
	Hier, dieses Medikament gegen Husten ist sehr gut.
Laura	Wie soll ich die Tabletten einnehmen?
Apothekerin	Dreimal am Tag nach dem Essen.
	Ich wünsche Ihnen gute Besserung!
Laura	Vielen Dank! Auf Wiedersehen!
Apothekerin	Auf Wiedersehen!

Wendungen

Mein Kopf / Meine... tut / tun weh.

Ich habe Halsschmerzen.

Haben Sie etwas für mich?

Trinken Sie viel!

Was machst du gegen ...?

Was hilft gegen ...?

Ich nehme Medikamente.

Ich trinke Tee.

Ich gehe spazieren.

Ich bleibe im Bett.

Das hilft.

101

::: Der Körper

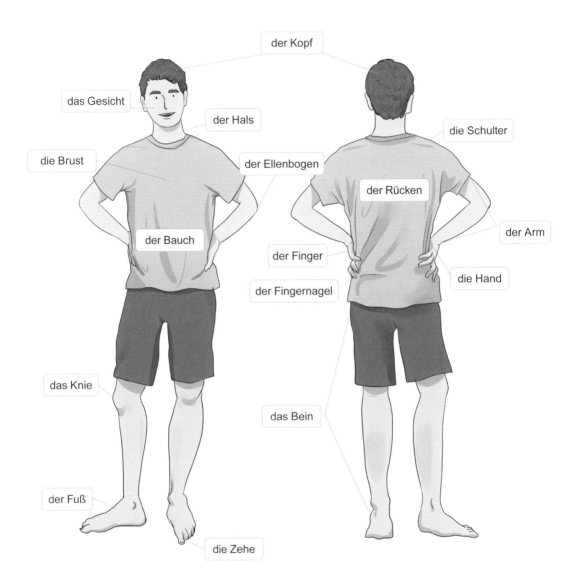

der Kopf

das Gesicht

der Hals

die Schulter

die Brust

der Ellenbogen

der Rücken

der Bauch

der Arm

der Finger

die Hand

der Fingernagel

das Knie

das Bein

der Fuß

die Zehe

::: **Das Gesicht**

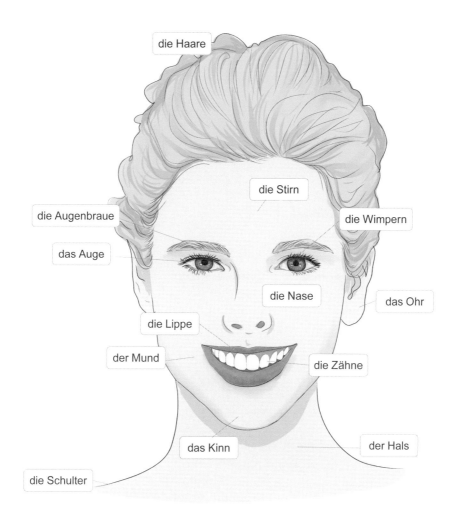

die Haare

die Stirn

die Augenbraue

die Wimpern

das Auge

die Nase

das Ohr

die Lippe

der Mund

die Zähne

das Kinn

der Hals

die Schulter

Grammatik

〉〉 관계대명사 〈〈

	m.	f.	n.	pl.
N	der	die	das	die
G	dessen	deren	dessen	deren
D	dem	der	dem	denen
A	den	die	das	die

1격

Der Mann ist mein Freund.

Der Mann raucht am Fenster.

- Der Mann, *der* am Fenster raucht, ist mein Freund.

2격

Der Mann ist mein Freund.

Die Frau des Mannes arbeitet hier.

- Der Mann, *dessen* Frau hier arbeitet, ist mein Freund.

3격

Der Mann ist mein Freund.

Ich helfe dem Mann.

- Der Mann, *dem* ich helfe, ist mein Freund.

4격

Der Mann ist mein Freund.

Sie treffen morgen den Mann.

- Der Mann, *den* Sie morgen treffen, ist mein Freund.

Übungen

1. Die alte Frau ist meine Großmutter.

   Die alte Frau steht am Fenster.

   Die alte Frau, die am Fenster steht, ist meine Großmutter.

2. Die alte Frau ist meine Großmutter.

   Der Sohn der alten Frau wohnt hier.

   Die alte Frau, _____ Sohn hier wohnt, ist meine Großmutter.

3. Die alte Frau ist meine Großmutter.

   Ich habe der alten Frau ein Geschenk gegeben.

   Die alte Frau, _____ ich ein Geschenk gegeben habe, ist meine Großmutter.

4. Die alte Frau ist meine Großmutter.

   Ich habe gestern die alte Frau besucht.

   Die alte Frau, _____ ich gestern besucht habe, ist meine Großmutter.

Dialog 2

Fröhliche Weihnachten!

Jenny	Hana, was machst du an Weihnachten?
Hana	Meine Eltern kommen nach Deutschland!
	Wir wollen von hier aus gemeinsam nach Spanien fliegen.
Jenny	Das hört sich ja toll an!
Hana	Ich freue mich schon riesig darauf.
	Und du?
	Was hast du vor?
Jenny	Wir feiern Weihnachten zu Hause.
	Die ganze Familie versammelt sich.
	Der Weihnachtsbaum wird geschmückt, Plätzchen werden gebacken und es gibt tolle Geschenke.
Hana	Wie schön!
	Was hast du dir zu Weihnachten gewünscht?
Jenny	Ein neues Handy!
Hana	Wirklich? Da bin ich ja gespannt!
Jenny	Sehen wir uns dann erst zu Semesterbeginn wieder?
Hana	Ich glaube schon!
Jenny	Dann wünsche ich dir frohe Weihnachten und einen guten Rutsch ins neue Jahr!
Hana	Fröhliche Weihnachten und viel Glück im neuen Jahr!

Kurzinfo

이력서

독일에서는 이력서를 최대 4장이 넘어가지 않도록 간단하게 작성해야 하며, 사진 첨부 여부는 개인의 선택에 달렸다. 다만, 우측 하단에 반드시 직접 서명해야 한다. 독일의 이력서는 도표 형식과 에세이 형식으로 구분되는데, 대략적 구성은 다음과 같다.

Persönliche Daten

Name	Hana Lee
Geburtsdaten	11.08.1986 in Hamburg
Adresse	Hauptstraße 11
	10411 Berlin
Telefon	0176/123456789
E-Mail	hana@lee.de

Berufserfahrung

seit 11/2016	Siemens
	Senior Projektmanager
	• Erfolgreiche Leitung mehrerer Projekte
05/2014 - 10/2016	Samsung
	Projektmanager
	• Mehrere Projekte als Mitglied in Projektteams abgeschlossen
01/2009 - 02/2014	Hyundai
	Junior Projektmanager
	• Einblicke in diesen Bereichen gesammelt

Ausbildung

10/2004 - 10/2009	Universität Mannheim
	BWL-Studium
	• Schwerpunkte: Marketing und Management
	• Auslandssemester in London
2004	Oberschule in Seoul
	Abitur

Kenntnisse und Interessen

Fremdsprachen	Koreanisch (Muttersprache)
	Deutsch, Englisch (fließend)
	Spanisch (Grundkenntnisse)
IT-Kenntnisse	MS-Office: sehr gut
Hobbys	Lesen und Sport (Schwimmen und Jogging)

Berlin, 29. September 2019

UNTERSCHRIFT *Lee*

Ausführlicher Lebenslauf

Persönliche Daten

Mein Name ist Hana Lee, ich bin ledig und wurde am 11. September 1995 in Seoul als ältestes Kind geboren. Meine Mutter arbeitet als Professorin an einer Universität und mein Vater ist Lehrer an einer Grundschule. Meine Geschwister heißen Cheolsu und Yeonghee, die beide noch Schüler sind. Ich besitze die koreanische Staatsbürgerschaft und wohne in der Musterstraße 1 in Seoul.

Bildungsweg: Sport, Sprachen, Informatik

Meinen schulischen Werdegang begann ich im September 2002 an der Muster-Grundschule, auf der ich mit sehr guten Leistungen überzeugte, so dass ich ab August 2008 die Mittelschule in Seoul besuchte. Durch das Angebot einer sportlichen Profilierung konnte ich dort meinen Neigungen und Talenten besonders gut nachgehen. Denn schon seit meiner Jugend gehören sportliche Aktivitäten zu meinem Alltag. Aufgrund meines Leistungskurses Sport betrieb ich während der Schulzeit auch viel Leichtathletik und eignete mir sportwissenschaftliches Fachwissen an, welches ich seit fünf Jahren als lizenzierter Handball-Trainer an Kinder und Jugendliche in meinem Handballverein weitergebe.

Meine weiteren schulischen Schwerpunkte legte ich auf Sprachen und Informatik sowie Mathematik. Meine Lieblingsfächer waren dementsprechend Deutsch, Englisch, Spanisch, Informatik und Mathematik. Derzeit absolviere ich zudem einen Sprachkurs, um meine Grundlagenkenntnisse in Französisch noch weiter auszubauen. Meine Allgemeine Hochschulreife erlangte ich dann im Juli 2014.

Ich besitze fortgeschrittene Programmierkenntnisse und während des Unterrichts an der Oberschule habe ich mir außerdem fortgeschrittene Kenntnisse im Umgang mit Textverarbeitungs-, Tabellenkalkulations- und Präsentationsprogrammen angeeignet. Aufgrund der langjährigen Teilnahme am Informatik-Grundkurs liegt mir die Arbeit am Computer deshalb sehr, so dass diese Erfahrung eine gute Grundlage für den weiteren beruflichen Einsatz ist.

Praktische Erfahrungen

Während eines zweiwöchigen Schulpraktikums gewann ich im April 2013 einen Einblick in die Verwaltungsorganisation einer Behörde. Mit meinen guten Englischkenntnissen half ich bei der Verbesserung von Schriftstücken für den Bürgerkontakt mit Ausländern. Außerdem hatte ich in den zwei Jahren nach meinem Abitur einen Nebenjob in einem Café, bei dem ich als Manager für die Verwaltung der ganzen Verkaufsstätte verantwortlich war. Außerdem absolvierte ich ein Auslandsjahr in Deutschland und England, so dass ich in mehrmonatigen Aufenthalten nicht nur die Kultur des jeweiligen Landes kennenlerne, sondern in sozialen und ökologischen Projekten einen Beitrag zur nachhaltigen und friedlichen Entwicklung leiste.

Meine Motivation für die Laufbahn als Polizistin

Warum ich eine Tätigkeit als Polizistin anstrebe? Da zwei Onkeln von mir als Beamten arbeiten, bin ich über den beruflichen Alltag und die Anforderungen in einem Sicherheitsorgan bestens informiert. Verantwortungsbewusstsein, Kameradschaft, Führungskraft, Mut, Einsatzwillen und Leistungsfähigkeit - das sind Werte, mit denen ich mich besonders stark identifiziere. Ich will mit Menschen zusammenarbeiten, ich will Menschen helfen, ich will Menschen eine sichere und friedliche Zukunft geben!

Mit meinen Kenntnissen und Fähigkeiten in den Bereichen Sport, Sprachen und Informatik habe ich die Grundlage gelegt, um körperlich und geistig fit die Anforderungen in einem anspruchsvollen Beruf gerecht zu werden, mit internationalen Partnern fehlerfrei zu kommunizieren und um die zukünftigen informationstechnischen Veränderungen und Herausforderungen in einem Sicherheitsorgan auch als Polizistin zu begleiten und zu gestalten.

Seoul, 29. September 2020

UNTERSCHRIFT

Deutsch –
Einfach leicht!

독일어-한국어 어휘목록

ab (3격 전치사) ~부터

Abend (-e) m. 저녁

Abendbrot n. 저녁 식사

Abendessen n. 저녁식사

abends 저녁에

aber 그러나

abfahren 출발하다

Abfahrt f. 출발

abfliegen 출발하다

abgeben 전달하다, 교부하다

abholen 데리러 가다, 데려오다

abschleppen 끌고 가다

Abschluss m. 폐쇄, 차단, 종결, 협상

abwinkeln (팔, 다리의) 각이 지게하다

acht 여덟, 8

Achtung f. 주의

Adresse (-n) f. 주소

Affe (-n) m. 원숭이

Ägypten n. 이집트

Akt (-e) m. 행위, 행동

Albanien n. 알바니아

all 모두, 모든

allein 혼자서

allerdings 물론, 하지만

als ~했을 때, 로서, 보다

also 따라서, 자

alt 늙은, 오래된, 낡은

Altenheim (-e) n. 양로원

Amerika 미국, 아메리카대륙

Amerikaner (-) m. 미국인

an (3, 4격 지배 전치사) 옆에, 가에

anbieten 제공하다, 제안하다

ander 다른

andererseits 다른 한편

Anfang (-fänge) m. 처음, 시작

anfangen 시작하다

Angabe (-n) f. 진술, 보고, 언급

angeben 알리다, 보고하다, 말하다

Angestellter m. 사무원, 직원

anhalten 정지시키다

anhören 귀를 기울이다

ankommen 도착하다

Ankunft f. 도착

anmachen 스위치를 켜다

anmelden (거주)신고하다, 통지하다

Anmeldung f. 거주신고

anrufen 전화를 걸다

Anschlagbrett n. 게시판

ansehen 간주(생각)하다, 살펴보다

anspringen 시동이 걸리다

anstellen (행)하다

anstrengend 아주 힘드는

Antwort (-en) f. 대답

antworten 대답하다

Anzeige (-n) f. 광고

anziehen 옷을 입다

Anzug (Anzüge) m. 신사복, 양복

Apfel (Äpfel) m. 사과

Apfelsaft m. 사과주스

Apotheke (-n) f. 약국

Apotheker (-) m. 약(제)사

Apparat (-e= m. 기계, 전화(기) 약칭

Appetit (-e) m. 식욕, 입맛

April (-e) m. 4월

Arbeit f. 일, 공부

arbeiten 일하다, 공부하다

Arbeitnehmer m. 노동자

Arbeitgeber m. 고용주

Arbeitszimmer (-) n. 작업방, 연구실

ärgern 화나게 하다

Arm(Arme) m. 팔

Art (-en) f. 종류

Arzt (Ärzte) m. 의사

Ärztin (-nen) f. 여의사

Asien 아시아

Atlantik m. 대서양

auch 또한, 역시

auf (3, 4격 지배 전치사) 위에, 위로

auf einmal 갑자기, 동시에

auf Wiederhören

통화를 끝내면서 하는 인사

auf Wiedersehen 작별 인사

aufbewahren 보존하다, 보관하다

aufbringen 비용을 조달하다

Aufenthalt (-e) m. 체류

Aufgabe (-n) f. 과제, 숙제, 임무

aufgeben 포기하다

aufhalten 체류하다, 머물다

aufheben 들어 올리다, 지양하다, 폐기하다

aufhören 중지하다, 멈추다

auflockern 느슨해지다, 걷히다

auflösen 녹이다, 해체하다

aufmachen 열다

aufmerksam 주의 깊게

aufpassen 주의하다

aufräumen 정리하다, 청소하다

aufrufen 호명하다

aufs neue 새롭게, 다시

aufschreiben 적다, 처방을 쓰다

aufsehen 쳐다보다

aufstehen 일어나다

Auftrag (-träge) m. 위임, 주문

aufziehen 다가오다, 나타나다, 끌어올리다

Auge(-n) n. 눈

Augenblick m. 순간, 잠깐

August m. 8월

aus (3격 지배 전치사) 밖으로, 부터

Ausflug (Ausflüge) m. 소풍

ausfüllen 작성하다

ausgehen 나가다, 외출하다

ausgewählt 선택된

Auskunft f. 정보, 안내(소)

Ausland (-länder) n. 외국

auslösen 불러일으키다, 유발하다

ausrichten 전하다

außer (3격 지배 전치사) 제외하고, 밖에

außerhalb (2격 지배 전치사) 밖에

äußern 알리다, 진술하다

Aussicht (-en) f. 전망

aussteigen 차에서 내리다

ausstrecken 쭉 뻗다

auswechseln 교체하다, 바꾸다

Ausweis (-e) m. 증명서

Auto (-s) n. 자동차

autofahren 자동차를 운전하다

Autohändler m. 자동차 딜러

Automechaniker m. 자동차 정비사

Autopanne (-n) f. 자동차 고장

Bäcker (-) m. 빵 굽는 사람

Bad (Bäder) n. 욕실

Badewanne f. 목욕통, 욕조

Bahn (-en) f. 철도

Bahnhof (-höfe) m. 기차역

bald, bald 때로는, 때로는

bald 곧

Balkon (-s/-e) m. 발코니

Ball (Bälle) m. 공

Band (Bände) m. (책의) 권, 책

Bank (-en) f. 은행

Bär(-en) m. 곰

Bargeld n. 현금

Bauch (Bäuche) m. 배

bauen 건축하다

Baum (Bäume) m. 나무

Beamte m. 공무원, 관리

Becher (-) m. 잔, 컵

bedeuten 의미하다

Bedeutung (-en) f. 의미, 중요성

bedienen 시중들다

beeilen 서두르다

befinden (sich) 어떤 상태에 있다

befragen 묻다, 조회하다

befriedigen 만족시키다, 충족시키다

begegnen 만나다, 마주치다

begeistern 열광하다

beginnen 시작하다

behalten 간직하다

behaupten 주장하다

beheben 제거하다, 고치다

bei (3격 지배 전치사) 옆에, ~할 때

beide 두 개의, 양쪽의, 쌍방의

beim Abwurf 던질 때

Bein (-e) n. 다리

Beitrag (Beiträge) m. 기고(문)

Bekannte m. f. 아는 사람

bekommen 받다, 얻다

beleben 생명을 주다

Belgien n. 벨기에

benutzen 이용하다

Benzin n. 벤진, 휘발유

bequem 안락한

berechnen 산출하다, 견적하다

Berg (-e) m. 산

Berücksichtigung f. 고려, 참작

Beruf (-e) m. 직업

berufstätig 직업에 종사하는

beruhen 에 기인하다, 의존하다

berühmt 유명한, 잘 알려진

berühren 손을 대다, 접촉하다

Berührung (-en) f. 접촉, 관계

beschäftigen 다루다, 종사하다

beschenken 선물하다

Beschäftigte m. f. 종업원, 피고용인

beschreibbar 묘사할 수 있는

besitzen 소유하다

besonder 특유의, 특별한

besonders 특히

besser 보다 좋은

best 가장 잘, 최상의

bestätigen 확인하다

Bestätigung (-en) f. 증명서, 확인서

bestehen 합격하다

bestellen 주문하다

besuchen 방문하다

Betrachter m. 관찰자, 구경꾼

betrinken 술에 취하다

Bett (-en) n. 침대

bewölkt 구름이 낀

bezahlen 지불하다

beziehen 관계를 맺다

Beziehung (-en) f. 관계

Bibel(-n) f, 성경

Bibliotheke (-en) f. 도서관

Bild (-er) n. 그림, 사진

Bilderbuch n. 그림책

Bildwerk n. 조각품

Birne f. 배, 전구

bis (4격 지배 전치사) 까지

Bis bald! 잘 가!

bisschen 조금 (ein bisschen)

bitte 제발, 실례지만

bitten 청하다, 요구하다

blau 푸른색의

bleiben 머물다

blind 눈먼

Blume (-n) f. 꽃

Bluse (-n) f. 블라우스

Blutdruck m. 혈압

Bodensee m. 독일과 스위스 경계에 있는
    호수 이름

bogenförmig 활모양의

böse 나쁜, 악한

brauchen 필요로 하다

braun 갈색의

brechen 부수다, 깨뜨리다

Brief (-e) m. 편지

Briefmarke f. 우표

Briefumschlag m. 봉투

bringen 가져오다, 나르다

Brite (-n) m. 영국인

Brot (-e) n. 빵, 빵 조각

Brötchen (-) n. 빵, 하드롤

Brücke (-n) f. 다리, 교량

Bruder (-) m. 형제(남자)

Brust (Brüste) f. 가슴

bestätigen 확인하다, 중명하다

Buch (Bücher) n. 책

buchen 예약하다

Büchergestell n. 서가

buchstabieren 철자를 말하다

Bulgarien n. 불가리아

Bundesbahn (-en) f. 연방철도

Bundesrepublik f. (독일) 연방 공화국

Burg (-en) f. 성

Büro (-s) n. 사무실

Bus (Büsse) m. 버스

Busfahrer m. 버스 운전기사

Butter f. 버터

ca. =circa (zirka) 대략

Café (-s) n. 카페

Celsius 섭씨

Cent m. 센트(화폐 단위)

China n. 중국

Chinakohl m. 배추

Chinese (-n) m. 중국 남자

Chinesin (-nen) f. 중국 여자

Co. = Kompanie 회사

Comic (-s) m. (대개 pl.) Comic strips

만화(책)

Computer (-) m. 컴퓨터

Couch f./ m. 긴 소파

da 거기, 여기, 그때, 때문에(weil)

dabei 그때에

dabeihaben 휴대하다

Dach (Dächer) n. 지붕

daheim 집에

daher 그 때문에

Dame (-n) f. 부인, 숙녀

Däne (-n) m. 덴마크 사람

Dänemark n. 덴마크

Dank m. 감사, 고마움

danken 감사하다, ~의 덕택이다

dann 그러면, 그런 다음

darum 그 때문에

dass 접속사 (=that)

dauern 지속되다, 걸리다

Daumen (-) m. 엄지손가락

davon 그것(들) 중에서

dazwischen 그 사이에, 그러는 동안

Definition (-en) f. 정의, 설명

dein 너의

denken 생각하다

denn 왜냐하면, 도대체

dennoch 그럼에도 불구하고

derselbe 같은, 동일한

deshalb 그 때문에, 그래서

deutsch 독일(인)의, 독일어의

Deutsch n. 독일어, 독일의

Deutsche f, 독일 여자

Deutscher m. 독일 남자

Deutschland n. 독일

Deutschstunde f. 독일어 수업시간

Dialog (-e) m. 대화, 대담

dich 너를

Dichter m. 작가, 시인

dick 두꺼운, 굵은, 부어오른

Dieb (-e) m. 도둑

Dienst (-e) m. 근무, 도움, 봉사

Dienstag m. 화요일

dies 이것

diesmal 이번에

diktieren 받아쓰게 하다

Ding (-e) n. 물건, 사물

dir 너에게

doch 그러나, 웬걸요!

Doktor(-en) m. 박사

Dollar (-s) m. 달러

Donnerstag m. 목요일

Doppelzimmer n.

침대가 둘 있는 2인용 방

Dorf(Dörfer) n. 마을

dort 저기

draußen 밖에

dreißig 30, 서른

drin (=darin, drinnen) 안에

dringend 절박한, 긴급한

drinnen 그 속에, 안쪽에

dritt 제3의, 셋째의

Drogenhandel m. 마약거래

drüben 저쪽(저편)에서

Drucksache (-n) f. 인쇄물

düben 저 쪽에

dunkel 어두운

dünn 얇은

durch (4격 지배 전치사)

통과하여, ~에 의하여

durchfallen 떨어지다, 실패하다

dürfen 허가(허락)되어 있다, ~해도 좋다

Durst m. 갈증

Dusche (-n) f. 샤워 시설, 샤워

ebenso 아주 똑같이 (wie)

Ecke (-n) f. 구석, 모퉁이

Ei (-er) n. 알, 달걀

eigentlich 원래, 본래

eilig 급한(히), 서두르는

ein paar 두서넛

Einbrecher m. 가택 침입범(강도)

eindeutig 명확한, 분명한

einerseits 한편

einfache Fahrkarte f. 편도승차권

einfache Fahrt f. 편도 (여행)

Einfamilienhaus n. 일가족용 주택

Eingang (-gänge) m. 입구, 현관

eingehen 관심을 갖다

Einheit (en) f. 단일성, 통일

einigen 합의(일치)하다

einkaufen 구매하다

einladen 초대하다

Einladung (en) f. 초대

einloggen 로그인하다

einlösen 수표를 현금으로 찾다

einmal 한번, 언젠가

einnehmen (약을) 복용하다

eins 하나, 1

einschränken 제한하다

einsteigen 승차하다

Einwohner m. 주민, 거주자

Einzelkind n. 독자, 외동이

Einzelzimmer n. 1인실, 싱글 룸

Ellbogen m. 팔꿈치

Elefant (-en) m. 코끼리

Eltern (pl.) 부모

Elternhaus n. 부모의 집

emigrieren 이민을 가다

empfehlen 권하다

endlich 드디어

England s. 영국

Engländer m. 영국 남자

Engländerin (-nen) f. 영국 여자

entfernen 멀어지다, 떠나가다

enthalten 포함하다

entlang (4격 지배 전치사) 무엇을 따라

entscheiden 결정하다

Entscheidung (-en) f. 판단, 결정

Entschluß (Entschlüsse) m. 결심, 결정

entschuldigen 용서하다, 실례하다

entspringen 발원하다, 생겨나다

entweder ~ oder 둘 중 하나는

er 그는

Erdbeben n. 지진

Erde (-n) f. 땅, 대지, 지구

Erderwärmung (-en) f. 지구온난화

Erfolg (-e) m. 성공, 성과

erfreuen 기쁘게하다

erfüllen 가득 채우다, 성취하다

Ergebnis (-se) n. 결과, 답

erhöhen 올리다, 상승하다

Erinnerung (-en) f. 기억

erkälten (sich) 감기 들다

erklären 설명하다

erleben 체험하다

Erlebnis (-se) n. 체험

Ermäßigungskarte f. 할인카드

erneuern 새롭게 하다

Ersatzbirne f. 보충 전구

erschrecken 깜짝 놀라다

erst 첫 번째, 처음, 비로소

erstaunen 놀라다

ersticken 숨통을 막다

erwachen 잠에서 깨어나다

erwecken 소생시키다

erwürgen 목졸라 죽이다

erzählen 이야기하다

erzeugen 만들어내다

erziehen 교육하다

es 그것은 (을)

es gibt. 존재하다, 있다

Essen (-) n. 식사

essen 먹다

ethnisch 종족(인종)의

etwa 대략, 약, 아마도

etwas 어떤 것, 약간

euch 너희들에게, 너희들을

Euro m. 유로(화폐 단위)

Europa 유럽(대륙)

Existenzweise f. 실존방식

Experte (-n) m. 전문가

Fabrik (-en) f. 공장

fahren (타고) 가다

Fahrer (-) m. 자동차 운전자

Fahrkarte (-n) f. 승차권, 차표

Fahrkartenschalter m. 매표창구

Fahrplan m. 운행시간(표)

Fahrrad n. 자전거

Fahrt (-en) f. 차타기, 차 여행

Familie f. 가족

Familienname m. (가족의) 성

fangen 잡다, 포획하다

fast 거의

Faust (Fäuste) f. 주먹

fehlen 병이 나 있다

Fehler m. 실수, 잘못, 오류

Feier (-n) f. 기념축제, 잔치

Feierlichkeit (-en) f. 축제행사

feiern 축제를 벌이다

Fenster (-) n. 창문

Ferien (pl.) 방학, 휴가

Fernseher m. 텔레비전

fertig 끝난, 준비가 다 된

Fertigstellung (-en) f. 완성, 종결

Fest (-e) n. 축제, 잔치

fest 견고한, 딱딱한

feucht 습기가 있는, 축축한

Fieber (-) n. 열

finden 발견하다

Finger(-) m. 손가락

Finnland n. 핀란드

Firma (-men) f. 회사

fischen 낚시하다, 물고기를 잡다

Fitness f. (engl. fitness)

Flasche (-n) f. 병

Fleisch m. (식용) 고기

Fleischer (-) m. 정육점 업자

fleißig 부지런한

flexibel 유연한, 탄력적인, 유동적인

flicken (타이어를) 수리하다

fliegen 비행하다, 날다

flirten 시시덕거리다

Flöte (-n) f. 피리, 플루트

Flug (Flüge) m. 비행, 항공여행

Flughafen m. 공항

Flugzeug (-e) n. 비행기

Fluss (Flüsse) m. 강

Formular (-e) n. 양식, 서식

Fortschritt m. 진보, 발전, 향상

Fotografie (-n) f. 사진

fotografieren 사진 촬영 하다

Frage (-n) f. 질문

fragen 묻다, 질문하다

Frankreich n. 프랑스

Franzose (-n) m. 프랑스인

Französin (-nen) f. 프랑스 여자

Frau (-en) f. 여성, 부인

Fräulein (-) n. 아가씨, 양

frei 자유로운, 비어있는

fressen (동물이) 먹다

Freude (-n) f. 기쁨, 즐거움

freuen (sich) 기뻐하다

Freund (-e) m. 친구

Freundin (-nen) f. 여자친구

freundlich 친절한

frisch 신선한

froh 기쁜

früh 이른, 아침에

Frühling (-e) m. 봄

Frühstück (-e) n. 아침식사

frühstücken 아침을 먹다

Fuchs (Füchse) m. 여우

fühlen (sich) 느끼다

füllen 채우다

funktionieren 작동하다

für (4격 지배 전치사) 위하여, 동안

fürchten 무서워하다, 두려워하다

Fuß (Füße) m. 발

Fußball m. 축구, 축구공

Fussgänger m. 행인, 보행자

Gabel(-n) f. 포크

ganz 전체의, 아주

Ganze (-n) n. 전체, 전부, 모든 일

ganztags 하루종일

gar 잘 익은, 전혀

Garten (Gärten) m. 뜰, 정원

Gast (Gäste) m. 손님

Gastgeber m. 주인, 초대자

gebären 새끼를 낳다

geben 주다, 존재하다, 일어나다

Gebiet (-e) n. 지역, 구역, 영토

Gebirge (-) n. 산, 산맥, 산악

geboren 태어난

Gebrauch (-bräuche) m. 이용

Geburtstag m. 생일

geehrt 존경하는

gefallen 누구의 마음에 들다

gegen (4격 지배 전치사) ~에 대항하여,
    반하여, 경에, 무렵에

Gegend (-en) f. 지방, 지역

gegenüber (3격 지배 전치사) 맞은(건너)
    편에

gehen 걸어가다, 작동하다, 지내다

gehören 누구의 소유(물)이다

gekocht 조리된, 익힌

Geld (-er) n. 돈

Gelegenheit (-en) f. 기회

gelehrt 학식이 있는, 박학다식한

gelingen 잘되다

gelten 간주되다, 유효하다

Gemälde n. 그림, 회화

gemeinsam 함께, 공동의

Gemüse f. 채소

Gemüsesuppe f. 채소수프

genau 딱 들어맞는, 정확한, 바로, 꼭

genug 충분한

geplatzt 파열한, 펑크난

geradeaus 곧장, 똑바로

gerecht 공정한, 올바른

gering 경미한, 미세한, 적은

gern (=gerne) 즐겨, 기꺼이, 흔쾌히

Gerücht (-e) n. 소문

gesamt 전체의, 총체적인

Geschäft (-e) n. 장사, 상점

geschehen 발생하다

Geschenke (-e) n. 선물

Geschichte (-n) f. 이야기, 사건

Geschwindigkeit (-en) f. 속도

Geschwister n. 형제자매(pl.)

Gesellschaft (-en) f. 사회

Gesicht(-er) n. 얼굴

gestern 어제

gestreift 줄무늬가 있는

gesund 건강한

Gewitter (-) n. 뇌우, 소낙비

Gießener m. 기센의, 기센사람

glänzen 빛나다

Glas (Gläser) n. 유리, 유리잔

gleich 똑같은, 곧, 즉시

Glückwunsch m. 축하

Gott (Götter) m. 신(神), 원 이런, 아이고

graben 무덤을 파다

Grad (-e) m. (온)도

Grenze (-n) f. 국경, 경계선

Griechenland n. 그리스

Griff (-e) m. 잡음, 쥠, 그립

groß 큰, 커다란

Großbritanien n. 영국

Größe (-n) f. 크기, 치수

Grube (-n) f. 무덤

grün 초록색의

Grundgriff m. 기본그립

Gruß (Grüße) m. 인사

günstig 유리한, 호의적인

Gurke (-n) f. 오이

gut 좋은

Haar (-e) n. 머리카락

haben 가지다, jetzt hab' ich's

　이제 알았어.

Hafen (Häfen) m. 항구

Hake (-) m. 옷걸이

halb 반, 2분의 1의

Hälfte (-n) f. 반(1/2)

Hals(Hälse) m. 목

Halsschmerz (-en) m. (대개 Pl.) 인후통

halten 멈추다

Haltestelle f. 정류장

Hand (Hände) f. 손

Handschuh m. 장갑

Handynummer f. 핸드폰번호

hängen 걸다, 걸려있다

häufig 빈번하게

121

Hauptbahnhof m. 중앙역, 본역

Hauptstadt f. 수도

Haus (Häuser) n. 집

Hausfrau (-en) f. 주부

Haushalt m. 가정(살림)

Heft (-e) n. 공책

heftig 격렬한

Heimat f. 고향

heiraten 결혼하다

heiß 뜨거운

heißen 라고 불리우다

Heizkosten (Pl). 난방비

helfen 돕다

hell 밝은

Herbst(-e) m. 가을

herein (여기) 안으로

hereinkommen 들어오다

Herr (-en) m. 신사, 씨(호칭)

herrlich 훌륭한

herstellen 제조하다

hervortreten 앞으로 걸어나오다

Herzleiden n. 심장병

herzlich 진심의, 진심으로

heute 오늘

heutzutage 오늘 날, 요즘

hier 여기

Hilfe (-n) f. 도움

Himmel (-) m. 하늘

hin und her 이리저리, 이런저런

Hin- und Rückfahrt f. 왕복차편(여행)

hin und zurück 왕복

hineinfallen 빠지다, 떨어지다

hinfallen 쓰러지다

Hinsicht f. 관점

hinten 뒤에

hinter (3, 4격 지배 전치사) 뒤에, 뒤로

Hintergrund m. 배경, 뒷전

Hin-und Rückflug m. 왕복비행

hinunterfallen 아래로 떨어지다

hinterlassen 남기다, 남겨놓다

hoch 높은

höflich 정중한

holen 가져오다

Hölle (-n) f. 지옥

Honig (-e) m. 벌꿀

hören 듣다

Hotel (-s) n. 호텔

hübsch 예쁜

Humorist (-en) m. 유머작가, 해학가

Hund (-e) m. 개

hundert 백(100)

Hunger m. 배고품

Hurra! 만세!

Hut (Hüte) m. 모자

ich 나는

Idee (-n) f. 이념, 생각

ihm 그에게

ihn 그를

ihnen 그들에게

Ihnen 당신(들)에게

ihr 너희들은, 그녀의, 그녀에게,

Ihr 당신(들)의

im Freien 야외에서

im voraus 미리, 앞서서

immer 늘, 언제나

implizieren 포함하다

in (3, 4격 지배 전치사) 안에

in bar 현금으로

in Ordnung 좋아요, 잘 된

in Wirklichkeit 실제로, 현실적으로

informieren (정보에) 정통하다

Insel (-n) f. 섬

Internetnutzung f. 인터넷이용

inzwischen 그 사이에

irgendwann 언제인가

irgendwas 무언가

irgendwo 어디엔가

irre 돈 것 같은, 미친, 요상한

irrend 방황하는

irreparabel 고칠 수 없는, 돌이킬 수 없는

Italien n. 이탈리아

Italiener 이탈리아인

ja yes, 정말로

jagen 사냥하다, 쫓다, 내몰다

Jäger m. 사냥꾼

Jahr (-e) n. 년, 해

Jahreszeit (-en) f. 계절

Japan n. 일본

Japaner m. 일본 남자

Japanerin (-nen) f. 일본 여자

je ~ desto ~하면 할수록 더욱 더

jeder 각자, 모든, 매, 마다

jetzt 이제, 지금

Job (-s) m. 일자리, 직업

jung 젊은

Junge (-n) m. 남자아이, 소년

Kaffee m. 커피

kaiserlich 황제의

Kalender m. 달력

kalt 차가운, 추운

kämpfen 싸우다

kanadisch 캐나다의

kaputt 고장난, 망가진, 피로한

kaputtmachen 파괴시키다, 망가지다

Kartoffel (-n) f. 감자

Käse (-) m. 치즈

Käsebrot n. 치즈 빵

Kasse (-n) f. 지불 창구, 계산대

Katastrophe (-n) f. 재앙

Katze (-n) f. 고양이

kaufen 사다, 구입하다

Kaufhaus (-häuser) n. 백화점

Kaufmann (-leute) m. 상인

Kaufpreis m. 구입가격

kaum 거의 ~ 않다

Kaution (-en) f. (집세) 보증금, 담보

kein 하나도 ~ 아니다 (no)

keine Ursache! 천만의 말씀!

Kellner (-) m. 급사, 웨이터

kennen 알다

Kilo (-s) n. Kilogramm의 약칭

Kind (-er) n. 아이

Kindheit f. 어린 시절

Kino (-s) n. 영화관

Klage (-n) f. 불평, 호소, 소송

Klavier (-e) n. 피아노

Kleid (-er) n. 옷

Kleiderschrank m. 옷장

klein 작은, 적은

kleinschreiben 소문자로 쓰다

klug 영리한

knapp 거의, 직전에, 근소한, 겨우

Knie (-) n. 무릎

Knieschützer m. 무릎받침

Knospe (-n) f. 꽃봉오리, 싹

Koch m. 요리(사)

kochen 끓이다, 요리하다

Koffer (-) m. 여행용 가방

kommen 오다, 가다

König (-e) m. 왕

konkret 구체적인

können 할 수 있다, ~하여도 좋다, 가능하다

Kontakt (-e) m. 접촉, 교제, 관계

kontrollieren 관리하다, 검사하다, 통제하다

Konzertsaal m. 연주 회장

Kopf(Köpfe) m. 머리

Kopfschmerz (-en) m. (대개 pl.) 두통

Korb (Körbe) m. 바구니

Koreaner (-) m. 한국남자

Koreanerin (-nen) f. 한국여자

Körper (-) m. 몸, 신체

Körperhaltung f. (몸의) 자세

Kosten (Pl.) 비용, 경비

kosten 값(비용)이 얼마이다

krank 병든, 아픈

Krawatte (-n) f. 넥타이

kriechen 기어가다

kriegen 얻다

Kronprinz (-en) m. 황태자

Küche (-n) f. 부엌

Kugelschreiber m. 볼펜

kühl 서늘한

Kühlschrank m. 냉장고

Kühlwasser n. 냉각수

kulturelle 문화의, 문화적

kümmern 돌보다

Kundin (-nen) f. 여단골, 고객

Kunst (Künste) f. 예술, 미술(품)

Kurve (-n) f. 곡선, 커브

kurz 짧은, 잠깐의, 바로 앞(뒤)의,
   직전(직후)에

Kusine (-n) f. Cousine 종자매

Kuwait n. 쿠웨이트

lähmen 마비시키다,

Lampe (-n) f. 램프, 전등

Land (Länder) n. 나라, 지방

Landeswährung f. 국가의 화폐

Landstraße f. 지방도, 국도

lang 긴, 키 큰, 오랜

Länge (-n) f. 길이

lange 오래, 오랫동안

langsam 느린, 더딘

längst 오래전에, 오래전부터

Lärm m. 소음

lassen 하게하다, 내버려두다

laufen 뛰어가다, 가다

laut 큰소리의, 시끄러운

lauten ~라고 하다

Leben (-) n. 삶, 생활(방식)

leben 살다, 생활하다

lebendig 살아있는

Lebendigkeit (-en) f. 살아 있음, 활력,
생명(감)

Lebenswerk n. 평생의 작품

lebhaft 활달한, 활기에 찬

ledig 미혼의, 독신의

legen 놓다, 눕히다

lehren 가르치다

Lehrer (-) m. 교사

Lehrerin (-nen) f. 여교사

leicht 가벼운, 쉬운

leider 유감스럽게도

leihen 빌려주다

Lektion (-en) f. 교과서의 과

lesen 읽다

Lesestück n. 읽기 텍스트

letzt 지난, 마지막의, 최근의

Leute (pl.) 사람들

Licht (-er) n. 빛

lieb 사랑하는, 좋아하는

lieben 사랑하다

lieber 오히려, 더 좋아하는

Liebesleben 성 생활

Liebhaber m. 연인

liegen 놓여있다, 누워있다

Limonade (-n) f. 레몬주스

links 왼쪽에

Lippe (-n) f. 입술

Liter m. 리터

Lob(-e) n. 칭찬

loben 칭찬하다, 찬양하다

Löffel (-) m. 스푼

los 벗어난, 떨어진, 생기다, 어서, 자

lösen 해결하다

Luft (Lüfte) f. 공기. 대기

Luftpost f. 항공우편

Lust f. 욕망, 의욕, 즐거움

machen 만들다, 무엇을 하다

Macht (Mächte) f. 힘, 권력

Mädchen (-) n. 소녀, 여자아이

Magengeschwür (-e) n. 위계양

mahlen 가루로 만들다

Mahlzeit (-en) f. 식사

Mai 5월

Mailand 밀라노

Mailverkehr m. 메일 교환

Mal/mal 번, 회, 또는 einmal의 약칭

man 사람들

manch 많은

manchmal 종종

Mann (Männer) m. 남자, 남편

Märchen n. 동화

Marmelade (-n) f. 잼

maximal 최고의, 최대의

Mechaniker m. 기계공, 기술자

Medikament (-e) n. 약

Meeresspiegel m. 해수면

mehr 더 많이(은)

mehrer 여럿의

mein 나의

Meinung (en) f. 의견

meist 대부분의, 가장 많은

meistens 대개, 거의 언제나

Mensch (-en) m. 인간

menschlich 인간의, 인간적인

Menü (-s) n. 메뉴, 정식

merken 알아채다

Messer n. 칼, 나이프

Meter (-) m. 미터

mich 나를

Miete (-n) f. 세, 임대료, 빌리기

Milch f. 우유

Milchladen m. 우유가게

mildern 완화시키다

Mineralwasser n. 미네랄 워터

minimal 최소의, 최저의

Minute (-n) f. (시간의) 분

mir 나에게

mißverstehen 오해하다

mit (3격 지배 전치사) 함께

mitbringen 가지고 오다

miteinander 서로

mitfahren 함께 타다, 동승하다

mithin 그러므로, 따라서

mitkommen 함께 오(가)다

mitnehmen 가지고 가다, 휴대하다

Mittagessen n. 점심식사

Mitte (-n) f. 가운데, 중반, 중순

Mitteilung (-en) f. 전달

Mittel (-) n. 약, 수단, 방법

Mitteleuropa n. 중부유럽

Mittelfinger m. 가운데 손가락, 중지

Mittelmeer n. 지중해

Modell (-e) n. 본보기, 모형

modern 최신 유행의, 현대의

mögen 좋아한다, ~일 것이다, ~하고 싶다

Moment (-e) m. 순간, 잠깐

Monat (-e) m. 달, 개월

monatlich 월례적인, 매달

Mond (-e) m. 달

Montag m. 월요일

Morgen (-) m. 아침

morgen 내일

morgens 아침에, 아침마다

Motor (-en) m. 모터, 엔진

Motorhaube f. 자동차 보네트

müde 지친, 피곤한

Mühe (-n) f. 수고, 노력

Mund (Münder) m. 입

münden 흘러 들어가다

Museum (Museen) n. 박물관, 미술관

Musik (-en) f. 음악

müssen 해야만 한다. ~임에 틀림없다

Mutter (Mütter) f. 어머니

Mutti f. 엄마

na 에, 자, 그런데

nach (3격 지배 전치사) ~(으)로,
~을 향하여, 뒤에, 후에

Nachbar (-n) m. 이웃(사람)

nachdem 그 후에

nachfüllen 다시 채우다, 보충하다

Nachmittag m. 오후

nachmittags 오후에

Nachricht (-en) f. 뉴스, 소식

nachsehen 확인하다, 검사하다

nächst 바로 다음의

Nacht (Nächte) f. 밤

Nachtisch m. 디저트

nahe 가까운, 근처의

nahezu 거의

Name (-n) m. 이름

Nase (-n) f. 코

Nation (-en) f. 민족, 국가

Nationalfeiertag m. 국경일

Nationalflagge f. 국기

natürlich 당연히, 물론

Nebel m. 안개

neben (3, 4격 지배 전치사) 바로 옆에

nehmen 잡다, 취하다

nein 아니오, 아니

nett 친절한, 귀여운

neu 새로운

neugierig 호기심이 많은

Neuigkeit (-en) f. 새로운 사건, 뉴스

nicht ~ 않다, ~이 아니다

nicht A sondern B A가 아니라 B

Nichte (-n) f. 질녀

Nichts (-e) n. 무, 존재하지 않는 것

nie ~한 적이 없다, 한번도 ~도 않다,
결코 ~ 않다

Niederlande pl. 네덜란드

niedrig 낮은

niemals 한번도 ~ 않다, 전혀 ~ 않다

niemand 아무도 ~ 않다

nieseln 보슬비가 내리다

noch 아직, 아직도, 여전히

Norden m. 북, 북부지역

normal 정상의, 보통의

normalerweise 통상, 보통의 경우에는

Norwegen n. 노르웨이

Nummer (-n) f. 번호, 치수

nun 이제, 지금

nur 오직, 단지

ob 인지 아닌지

oben 위에, 위로, 상부에

Obst n. 과일

obwohl 비록 ~할지라도

oder 또는, 혹은

öffnen 열다

oft 자주, 여러 번

127

ohne (4격 지배 전치사) ~없이

Ohr (-en) n. 귀

Öl n.기름, 엔진오일

Onkel (-) m. 아저씨, 삼촌

Oper (-n) f. 가극, 오페라

Operation (-en) f. 수술

Orangensaft m. 오렌지주스

organisieren 조직하다, 계획(준비)하다

Osten m. 동, 동부지역

Österreich 오스트리아

Österreicher m. 오스트리아 남자

Paar (-e) n. 쌍, 부부, 켤레

(ein) paar 두세개의, 몇 개의

Päckchen n. 소포

Paket (-e) n. 소포, 통, 상자

Papier (-e) n. 종이, 서류, (대개 pl.)
  신분증명서, 면허증

Papiertaschentuch (-tücher) n.
  종이 손수건

Party (-ies) f. 파티

Pass (Pässe) m. 여권, 패스포트

passen 어울리다, 꼭 맞다

passieren 통과하다, 일어나다, 발생하다

Pause (-n) f. 휴식, 휴지

Pech (-e) n. 불운

Pferderennen n. 경마

Pflanze (-n) f. 식물

Pfund(-e) n. 파운드

philisophisch 철학적인

Physik f. 물리학

planen 계획하다

Plastik n. 플라스틱

Plastikwurfscheibe f. 플라스틱 투척원반

Platz (Plätze) m. 좌석, 자리

Polen n. 폴란드

Politiker (-) m. 정치가

politisch 정치적인

Polizei (-en) f. 경찰(당국), 경찰관, 경찰

Porto (-s) n. 우편요금

Porträt (-s) n. 초상(화)

Portugal s. 포르투갈

Post (-en) f. 우편, 우체국

Postamt n. 우체국

Postkarte f. 우편엽서

Pracht f. 화려, 휘황찬란

praktisch 실용적인

Preis (-e) m. 값, 가격

preiswert 알맞은 가격의

prima 최고의

Prinzip (-ien) n. 원리, 원칙

Probefahrt f. 시운전

probieren 시도하다

Problem (-e) n. 문제

produktiv 생산적인

Professor (-en) m. 교수

Promotion f. 판촉 (활동)

Prozess (-e) m. 소송, 심리과정

prüfen 검사하다, 시험해보다

Pseudonym (-e) n. 가명, 필명

Psychoanalytiker m. 정신분석학자

Pult (-e) n. 사면(斜面), 책상

Punkt (-e) m. 점, 정각

pünktlich 정시의, 정확한

Qual (-en) f. 고통

Qualität (-en) f. 품질

Quatsch m. 어리석은(허튼)소리, 시시한(쓸데없는) 것

quatschen 지껄이다

Quellfluss m. 원류, 수원

rächen 복수하다

Rand (Ränder) m. 가장자리

Rat (Räte) m. 충고, 고문(관)

Rate (-n) f. 분할 불입금

Rathaus n. 시청, 읍(면) 사무소

Räuber m. 도둑, 강도

rauchen 담배피우다

Raum (Räume) m. 방, 공간

rechnen 셈하다, 계산하다

Rechner (-) m. 계산기

rechts 오른쪽

rechtzeitig 제때에

reden 말하다, 담화하다

Regal (-e) n. 서가, 책장, 선반, 진열장

Regel (-n) f. 규칙

regelmäßig 규칙적으로

Regenschirm m. 우산

Regierung (-en) f. 정부, 통치

regional 지역(방)의

regnen 비가 오다

regnerisch 비가 올(것 같은), 우천의

Reich (-e) n. 제국, 나라

Reichtum (-tümer) m. 재산, 부

Reifen m. 타이어, 고리

Reifendruck m. 타이어 압력

Reise (-n) f. 여행

Reisebüro n. 여행사

reisen 여행하다

Reisepass m. 여권

Reisescheck m. 여행자 수표

Reklame (-n) f. 광고

reparieren 고치다, 수선하다

reservieren 예약하다

Rest m. 나머지, 잔여

Restaurant (-s) n. 음식점, 레스토랑

Rezept (-e) n. 처방전

Richter (-) m. 재판관

richtig 올바른, 적절한

Richtung (-en) f. 방향

Rindfleisch n. 쇠고기

Ring (-e) n. 반지, 원형, 원

Ringfinger m. 무명지, 약손가락

Rock (Röcke) m. 스커트

Rolle (-n) f. 역할

rollen 구르다, 굴러가다

Rose(-n) f. 장미

Rücken (-) m. 등

Rückfart f. 귀로, 귀향, 돌아 옴

Rückfahrkarte f. 왕복표

rufen 부르다

Ruhe f. 휴식

Rührei n. 스크렘블에그

ruhig 안심하고, 편안한, 조용한

Rumänien n. 루마니아

runtergehen 낮추다, 내리다

Russland n. 러시아

Sache (-n) f. 물건, 사건, 일

sagen 말하다

Salat (-e) m. 샐러드

Salz n. 소금

Sänger (-) m. 가수

satt 배부른

schade 애석한, 안된

Schaden (Schäden) m. 손상, 손해

schätzen 높이 평가하다

schauen 바라보다

Schaufenster (-) n. 진열장

Schauspieler (-) m. 배우

scheinbar 외관상으로

schenken 선물하다

schick 멋진, 세련된

schicken 보내다, 부치다

Schicksal (-e) n. 운명

Schiebetür f. 미닫이(문)

Schild (-er) n. 표지판, 명찰, 패, 문패, 간판

Schinken (-) m. 허벅지 고기, 햄

Schinkenbrot n. 햄 샌드위치

schlafen 잠자다

Schlafwagen m. 침대차

Schlafzimmer n. 침실

schlagen 때리다

schlank 날씬한

schlecht 나쁜

schließen 끝내다, 봉하다

Schließlich 마침내, 드디어

schlimm 심한, 좋지 못한, 나쁜

Schlüssel (-) m. 열쇠

schmecken 맛이 나다

schmücken 장식하다, 꾸미다

Schnee m. 눈

schneiden 자르다

schneien 눈이 내리다

schnell 빠른, 빨리

Schnellzug n. 급행열차

Schokolade (-n) f. 초콜릿

schon 벌써, 이미

schön 아름다운, 멋진, 좋은, 매우

Schrank (Schränke) m. 장(롱)

Schrei (-e) f. 외침, 비명

schreiben 쓰다(편지 등)

schreien 소리치다, 외치다

Schublade f. 서랍

Schuh (-e) m. 구두, 신

Schule (-n) f. 학교, 학파

Schüler (-) m. 학생

Schultag m. 수업일

Schulter (-n) f. 어깨

Schutzmann (-männer) m. 순경

Schwarzwald m. 독일 서남부에 있는
    고원산지

Schweden n. 스웨덴

schweigen 침묵하다

Schweiz f. 스위스

Schweizer m. 스위스 남자

Schweizerin (-nen) f. 스위스 여자

schwer 무거운

Schwester (-n) f. 자매, 누이

Schwiegermutter f. 시어머니, 장모

Schwiegervater m. 시아버지, 장인

Seele (-n) f, 영혼

sehen 보다

sehr 매우, 몹시

sein 있다, 존재하다

seit (3격 지배 전치사) ~ 이후부터

Seite (-n) f. 한쪽

seither 그 이후부터

Sekretär (-s) m. 비서

Sekretärin (-nen) f. 여비서

selber (=selbst), 자신이

selbst 스스로, 자신이, ~조차

selbständig 자립의, 독자적으로

selbstverständlich 자명한, 물론

senden 보내다, 발신(송신)하다

Sendung (-en) f. 발송

September m. 9월

Sessel (-) m. 안락의자

setzen 앉히다, 두다, 놓다

sicher 틀림없이

Sicherheitsgurt (-e) m. 안전벨트

sie 그녀는, 그들은

Sie 당신은

Signal (-e) n. 신호음, 신호기

singen 노래하다

Sinn (-e) m. 마음, 의미

sitzen 앉아 있다

Ski (-er) m. 스키(=Schi)

so 그렇게, 그와 같이, 그래서, 매우

sodann 그런 다음

Sofa (-s) n. 소파

sofort 즉각, 즉시

sogar 심지어 ~조차

sogenannt 소위

Sohn (Söhne) m. 아들

sollen 해야 한다, ~하면 좋을까?,
    ~라는 소문이다

Sommer (-) m. 여름

Sommerkleid n. 여름용 원피스

Sonne (-n) f. 태양

sonnig 햇볕이 비치는

sonst 그 외에, 그 밖에, 그렇지 않으면

sorgen 염려하다, 돌보다

soviel 그만큼, 그 정도의

Sozialphilosoph m. 사회철학자

Soziologin (-nen) f. 여류사회학자

Spanien s. 스페인

Spaß (Späße) m. 즐거움, 재미

spät 늦은

später 나중에, 더 늦은

Speck m. 베이컨

Speisekarte f. 식단, 메뉴

Speisewagen m. 식당차

Spiegelei n. 에그 프라이

Spiel (-e) n. 놀이, 경기

spielen 놀다, 시합하다, 연주하다

Spieler m. 선수

Spielzeug (-) n. 장난감

Spindel (-n) f. 물레

Sportwagen m. 스포츠카

sprechen 말하다

Sprechstunde f. 면담시간

Sprichwort (-wörter) n. 속담

springen 뛰다, 벌떡 일어나다

Spruch (Sprüche) m. 예언, 격언

Sprudel (-) m. 탄산수

Staat (-en) m. 국가, 나라

Staatsangehörigkeit f. 국적

Staatsanwaltschaft (-en) f. 검사

Stadt (Städte) f. 도시

stark 강한, 힘센

starten 출발하다

Station (-en) f. 정류장, 역

statt (2격 지배 전치사) 대신에

stattfinden 개최하다

stehen 서있다, 어떤 위치에 있다

stehlen 훔치다

steigern 올리다, 고양시키다

stellen 갖다 두다, 놓다

sterben 죽다

Stimme (-n) f. (목)소리, 음성

stimmen 맞다, 사실이다

Stock (Stöcke) m. (집의) 층

stolz 자랑스러운, 거만한

Straße (-n) f. 거리

strebend 노력하는

Streich (-e) m. 때림, 장난, 행위

streiten 싸우다

Strich (-e) m. 줄, 선, 획

Strom (Ströme) m. 강, 전기

Stück (-e) n. 부분, 조각, (연극) 작품

Student m. (-en) 남학생

Studentin (-nen) f, 여학생

studieren 공부하다, 연구하다

Stuhl (Stühle) m. 의자, 걸상

Stunde (-n) f. 시간 (60분)

Substanz (-en) f. 물질, 실체

suchen 찾다

Suchmaschine (-n) f. 검색엔진

Süden m. 남, 남부지역

super 최고의, 수퍼

Supermarkt m. 슈퍼마켓

Suppe f. 수프

Tablette (-n) f. 알약

Tag (-e) m. 날, 낮

täglich 매일(의)

tanken 주유하다

Tankstelle (-n) f. 주유소

Tante (-n) f. 아주머니, 숙모

tanzen 춤추다

Tasse (-n) f. 찻잔

Tätigkeit (-en) f. 활동, 일

Tätigsein n. 활동적 존재

tauschen 교환하다

tausend 천, 1000

Taxi n. 택시

Tee m. 차(茶)

Teil (-e) m. 전체의 일부, 부분

teilen 나누다

teilnehmen 참가하다

teils 일부는, 반은

Telefon (-e) n. 전화기

Telefonbuch n. 전화번호부

Telefongespräch n. 전화통화

telefonieren 전화 통화하다

Telefonnummer (-n) f. 전화번호

Teller m. 접시

Temperatur (-en) f. 기온, 온도

Termin (-e) m. 기일, 약속시간

teuer 값비싼

Teufel m. 악마

Theater (-) n. 극장

Theaterkarte f. 극장 입장권

Thema (-men) n. 테마, 주제

Tier (-e) n. 동물

Tipp (-s) m. 힌트, 조언, 암시(engl. tip)

Tisch (-e) m. 탁자, 책상

Titel (-) m. 칭호, 제목, 표제

Toast (-s/-e) m. 토스트

Tochter (Töchter) f. 딸

Tod (-e) m. 죽음

toll 미친, 좋은, 매우, 격렬하게

Tomate (-n) f. 토마토

Topf (Töpfe) m. 냄비, 단지

Tor (-e) n. 문, 대문

tot 죽은

töten 죽이다

Tourist (-en) m. 관광객, 여행객

träumen 꿈꾸다

traurig 슬픈

treffen 만나다

treiben 몰다, 행하다

trennen 분리하다

Treppe (-n) f. 계단, 층계

treten 밟다, 발을 내딛다

trinken 마시다

Trinkgeld n. 팁

trotz (2격 지배 전치사) 불구하고

trotzdem 그럼에도 불구하고

trüb(e) 흐린, 희미한

Tschüs! 잘 가!

Tugend (-en) f. 미덕

tun ~하다, 행하다

Tür (-en) f. 문, 출입문

Türke (-n) m. 터키 남자

Türkei f. 터키

Türkin (-nen) f. 터키 여자

Turm (Türme) m. 탑

üben 연습하다

über (3, 4격 지배 전치사)
  위에(로) 에 관하여

überall 도처에, 어디에나, 사방에

überleben 살아남다, 더 오래 살다

133

überlegen 심사숙고하다

übermorgen 모레

überragend 탁월한, 매우 큰

Überraschung f. 놀라움, 의외의 일

übersetzen 번역하다

überwachen 감시하다

überwiegen 우세하다, 압도하다

überzeugen 확신하다, 확인하다

U-Boot (-e) n. 잠수함 (Unterseeboot)

Übung (-en) f. 연습 (문제)

Uhr (-en) f. 시계, 시간, 시각

um (4격 지배 전치사) 빙 둘러서,
  정각 몇 시에

Umfrage (-n) f. 여론조사

Umgebung (-en) f. 주위환경, 주변

umkehren 귀환하다, 반전시키다

umkippen 뒤집히다, 전복하다

Umschlag (-schläge) m. 편지봉투

umsteigen 갈아타다

Umwelt (-en) f. 환경

unbedingt 무조건

und 그리고, 그래서

Unfall (Unfälle) m. 사고, 재난, 상해

Ungarn n. 헝가리

ungenau 부정확한, 엄밀하지 않은

unmöglich 불가능한

uns 우리를

unter (3, 4격 지배 전치사) 아래에

Unterricht (-e) m. 수업, 강의

Unterschied (-e) m. 차이

unterschreiben 서명하다

untersuchen 진찰하다, 조사하다

Untersuchung (-en) f. 조사, 진찰

unverwechselbar 바뀔 수 없는

Urlaub (-e) m. 휴가

Vase, die; -n 꽃병

Vater (Väter) m. 아버지

Vaterland n. 조국, 모국

verabreden 약속하다

verbreiten 널리 퍼뜨리다, 유포하다

verbringen (시간을) 보내다

verdienen 돈을 벌다

vereinigen 하나로 만들다, 통일하다

Vereinigte Staaten von Amerika 미국

Verfärbung (-en) f. 변색, 얼룩짐

verfassen 쓰다, 작성하다

verführerisch 매혹적인

vergehen 사라지다

vergessen 잊다

verhaften 체포하다

Verhältnis (-se) n. 관계, 사이

verheiratet 결혼한, 기혼의

verkaufen 팔다

Verkäuferin (-nen) f. 여판매원

Verkehr (-e) m. 교통

verlangen 요구하다

verlängern 연장하다

verlassen 떠나다

verlieren 잃어버리다, 패하다

Vermieterin (-nen) f. (여)임대인

vermissen 그리워하다

verpassen (늦어서) 놓치다

verreisen 여행을 하다, 여행을 떠나다

verrückt 미친, 매우

verschieden 서로 다른, 몇몇의

verschließen 닫다, 폐쇄하다

versorgen 돌보다, 부양하다

vertreiben 추방하다, 몰아내다

verwählen 전화번호를 잘못 돌리다

Verwandte m. f. 친척

Verwandtenbesuch m. 친척방문

Verzeihung (-en) 용서, 실례

verzichten 포기하다

viel 많은, 많이

vielleicht 아마도

Viertel (-) m. 4분의 1

voll 가득찬

von (3격 지배 전치사) ~으로부터,
   ~에 대해서 ~에 의하여.

vor (3, 4격 지배 전치사) 앞에, 전에

Vorabdruck (-e) m. 발간 전 미리 발표된
   부분

vorhaben 계획하다

vorig 바로 전의, 직전의

Vormittag m. 오전

vormittags 오전에

Vorname m. 이름(성 앞의)

vorstellen 상상하다, 소개하다

Vorstellung (-en) f. 소개, 공연, 상영

vorverlegen 앞으로 옮기다

Waage (-n) f. 저울

wachsen 성장하다

Wagen (-) m. 자동차, 차량

Wagentür f. 차 문

wählen 선택하다, 고르다

Wahnsinn m. 광기, 미친(얼빠진) 짓

wahr 사실과 일치하는, 진실인

während (2격 지배 전치사) 하는 동안

wahrnehmen 알아차리다, 인지하다

Wand (Wände) f. 벽

wann 언제

warm 따뜻한

warten 기다리다

Wartesaal m. 대합실

warum 왜, 무엇 때문에

was 무엇, 무엇이, 무엇을

was für ein 어떤 종류의

Waschgelegenheit f. 세탁시설

Wasser n. 물

WC n. 화장실 (Watercloset의 약어)

Wechselkurs m. 환율

wechseln 바꾸다, 교환하다

weder A noch B A도, B도 아니다

Weg (-e) m. 길, 여행, 방법

weg 떨어져서, 없어져서(부재)

wegen (2격 지배 전치사) 때문에

wegfahren (차를 타고) 떠나다

wegwerfen 내던져버리다

weil 때문에

Weise (-n) f. 방법

weise 현명한

weiß 하얀색의

Weißwein m. 백포도주

Wert (-e) m. 가치, 가격, 수치

weiter 계속해서

weitersprechen 계속 말하다

welch 어떤

Welt (-en) f. 세계, 세상

wem wer의 3격

wenn 할 때(마다) ~면

wer 누가

werden 되다, (할) 것이다(미래)

werfen 던지다

Werk (-e) n. 작품

Werkstatt f. 공장, 작업장, 아틀리에, 서재

Werktag m. 근무일, 평일

Westen m. 서쪽, 서부지역

Wetter (-) n. 날씨

wichtig 중요한

wie 어떻게, 얼마나, ~처럼, 대로

wieder 다시

wiederkommen 돌아오다, 다시 오다

wiegen 무게를 달다

wieviel 얼마나 많이, 얼마나

Wind (-e) m. 바람

wir 우리는

wirklich 실제로, 정말로

Wirklichkeit (-en) f. 현실, 사실성

wirtschaftlich 경제적인

Wirtschaftspolitik f. 경제정책

wispeln 속삭이다

wissen 알다

Wissenschaft (-en) f. 학문, 과학

Wissenschaftler (-) m. 학자, 과학자

Wissensdrang m. 지식욕

Witz (-e) m. 익살, 위트

wo 어디

Woche (-n) f. 주, 1주일

Wochenende n. 주말

Wochentag m. 요일

woher 어디서, 어디로부터

wohin 어디로 (가다)

wohnen 살다, 거주하다

Wohnung (-en) f. 집, 아파트

Wohnzimmer n. 거실

Wolke (-n) f. 구름

wolkig 그름 낀

wollen 원하다, 하고자 하다

Wort (Wörter/Worte) n. 단어, 말

Wörterbuch n. 사전

wunderbar 놀라운, 멋진

Wundergabe (-n) f. 마법의 선물

Wunsch (Wünsche) m. 소원, 소망

wünschen 원하다

Wurstbrot n. 소시지를 넣은 빵

Zahl (-en) f. 수, 숫자

zählen 세다, 계산하다

zahlen 세다, 지불하다

Zange (-n) f. 집게

zehn 10, 십

zeichnen (선으로) 그리다, 스케치하다

Zeigefinger m. 집게손가락, 인지

zeigen 가리키다, 보여주다

Zeit (-en) f. 시간, 시기

zeitlich 시간의, 시간적인

Zeitschrift f. 잡지

Zeitung (-en) f. 신문

Zeitungsannonce f. 신문광고

zentral 중앙의, 중심부에 있는

Zentralheizung f. 중앙난방

Zentrum (-ren) n. 중심, 중앙

zerbrechen 부수다, 깨다

zerstören 파괴하다

ziemlich 상당히, 꽤

Zimmer n. 방

Zimmersuche f. 방 구하기

zu (3격 지배 전치사) ~로, ~에게,
  짜리(가격)

zubereiten 마련하다, 준비하다

Zucker m. 설탕

zuerst 맨 먼저, 처음으로

zufrieden 만족스러운

Zug (Züge) m. 기차

zuhören 귀를 기울이다

zukleben 붙여서 봉하다

zuletzt 마지막으로

zum Beispiel 예를 들면

zurückfahren 돌아오다

zurückgeben 돌려주다

zurückkehren 되돌아가다

zurückkommen 되돌아오다

zusammen 합해서, 함께

zusammen machen 한데 모으다, 합치다

zuschließen 잠그다

zusehen 보다

zuzüglich 을 가산하여, 추가로

zwar ~ aber 하지만, 그러나

zweckmäßig 목적에 알맞은

Zweifel m. 의심, 의혹, 회의

Zwiebel (-n) f. 양파

zwingen 강요하다, 강제로 시키다

zwischen (3, 4격 지배 전치사) 사이에(로)

독일어 문법

::: 정관사(Der bestimmte Artikel) :::

	m.	f.	n.	pl.
주격(N)	der	des	dem	den
소유격(G)	die	der	der	die
여격(D)	das	des	dem	das
목적격(A)	die	der	den	die

::: 부정관사(Der unbestimmte Artikel) :::

	m.	f.	n.
주격(N)	ein	eine	ein
소유격(G)	eines	einer	eines
여격(D)	einem	einer	einem
목적격(A)	einen	eine	ein

::: 인칭대명사(Das Personalpronomen) :::

N	ich	du	Sie	er	es	sie
G	meiner	deiner	Ihrer	seiner	seiner	ihrer
D	mir	dir	Ihnen	ihm	ihm	ihr
A	mich	dich	Sie	ihn	es	sie

N	wir	ihr	Sie	sie
G	unser	euer	Ihrer	ihrer
D	uns	euch	Ihnen	ihnen
A	uns	euch	Sie	sie

- Gibt der Mann der Frau das Buch?

  Gibt er es ihr?

  Gibt er ihr das Buch?

  Gibt er es der Frau?

  Gibt es ihr der Mann?

::: 소유대명사(Das Possessivpronomen) :::

ich	mein	meiner	wir	unser	unser
du	dein	deiner	ihr	euer	euer
Sie	Ihr	Ihrer	Sie	Ihr	Ihrer
er	sein	seiner			
es	sein	seiner	sie	ihr	ihrer
sie	ihr	ihrer			

- Wem gehört der Mantel?

  Der Mantel ist mein.

  Das ist mein Mantel.

  Das ist meiner.

      der Meine.

      der Meinige.

::: 명사변화(Die Deklination des Substantivs) :::

A. 강변화

	Singular			Plural		
	m.	f.	n.	m.	f.	n.
N	der Lehrer	die Stadt	das Kind	die Lehrer	die Städte	die Kinder
G	des Lehrers	der Stadt	des Kindes	der Lehrer	der Städte	der Kinder
D	dem Lehrer	der Stadt	dem Kind	den Lehrern	den Städten	den Kindern
A	den Lehrer	die Stadt	das Kind	die Lehrer	die Städte	die Kinder

B. 약변화

	Singular		Plural	
	m.	f.	m.	f
N	der Mensch	die Frau	die Menschen	die Frauen
G	des Menschen	der Frau	der Menschen	der Frauen
D	dem Menschen	der Frau	den Menschen	den Frauen
A	den Menschen	die Frau	die Menschen	die Frauen

die Lehrerin - die Lehrerinnen

die Schülerin - die Schülerinnen

die Freundin - die Freundinnen

C. 혼합변화

	Singular		Plural	
	m.	n.	m.	n.
N	der Staat	das Auge	die Staaten	die Augen
G	des Staates	des Auges	der Staaten	der Augen
D	dem Staat	dem Auge	den Staaten	den Augen
A	den Staat	das Auge	die Staaten	die Augen

D. 예외변화

	Singular			Plural		
	m.	m.	n.	m.	m.	n.
N	der Herr	der Name	das Herz	die Herren	die Namen	die Herzen
G	des Herrn	des Namens	des Herzens	der Herren	der Namen	der Herzen
D	dem Herrn	dem Namen	dem Herzen	den Herren	den Namen	den Herzen
A	den Herrn	den Namen	das Herz	die Herren	die Namen	die Herzen

E. 외래어 변화

	Singular		Plural	
	n.	n.	n.	n.
N	das Hotel	das Auto	die Hotels	die Autos
G	des Hotels	des Autos	der Hotels	der Autos
D	dem Hotel	dem Auto	den Hotels	den Autos
A	das Hotel	das Auto	die Hotels	die Autos

- das Kino, das Büro, das Piano, das Sofa, das Foto

das Drama - die Dramen

das Museum - die Museen

das Prinzip - die Prinzipien

141

das Studium - die Studien

das Thema - die Themen

der Idealismus - die Idealismen

der Kaufmann - die Kaufleute

der Schutzmann - die Schutzleute

der Landmann - die Landleute

der Staatsmann - die Staatsmänner

::: 관계대명사(Das Relativpronomen) :::

	m.	f.	n.	pl.
N	der	die	das	die
G	dessen	deren	dessen	deren
D	dem	der	dem	denen
A	den	die	das	die

Die alte Frau ist meine Tante.

1. Die alte Frau steht am Fenster.

  - Die alte Frau, die am Fenster steht, ist meine Tante.

2. Der Sohn der alten Frau wohnt hier.

  - Die alte Frau, deren Sohn hier wohnt, ist meine Tante.

3. Ich habe der alten Frau eine Blume gegeben.

  - Die alte Frau, der ich eine Blume gegeben habe, ist meine Tante.

4. Ich habe gestern die alte Frau besucht.

  - Die alte Frau, die ich gestern besucht habe, ist meine Tante.

::: 지시대명사(Das Demonstrativpronomen) :::

	m.	f.	n.	pl.
N	der	die	das	die
G	dessen	deren	dessen	deren, derer
D	dem	der	dem	denen
A	den	die	das	die

Dort kommt ein Mann.

Der ist mein Freund.

Wie heißt der Mann?

Den kenne ich nicht.

Ich besuche Herrn Kim und dessen Sohn.

Das Leben derer, die blind sind, ist schwer.

Dieser:

Dieser Mann ist groß.

Diese Zeitung ist interessant.

Die Frau dieses Mannes ist sparsam.

Jener:

Jenes Mädchen ist klein.

Geben Sie jener Frau die Bluse!

Solcher:

Solche Leute gefallen mir nicht.

Ich möchte in solchem Haus wohnen.

Ich möchte in einem solchen Haus wohnen.

Ich möchte in solch einem Haus wohnen.

::: 재귀대명사(Das Reflexivpronomen) :::

N	ich	du	er / es / sie/ Sie
D	mir	dir	sich
A	mich	dich	sich
N	wir	ihr	sie (Sie)
D	uns	euch	sich
A	uns	euch	sich

Ich wasche mich.

Du wäschst dich.

Er (es, sie) wäscht sich.

Wir waschen uns.

Ihr wascht euch.

Sie waschen sich.

Ich wasche mir die Hände.

Du wäschst dir die Hände.

Er (es, sie) wäscht sich die Hände.

Wir waschen uns die Hände.

Ihr wascht euch die Hände.

Sie waschen sich die Hände.

sich erinnern: Der Großvater erinnert sich an seine Jugend.

sich wenden: Er wendet sich an mich um etwas Geld.

sich gewöhnen: Der Ausländer gewöhnt sich an das Klima.

sich besinnen: Ich besinne mich auf die Einzelheiten der Geschichte.

sich freuen: Ich freue mich auf das Fest.

sich verlassen: Ich verlasse mich auf Ihre Güte.

sich vorbereiten: Er bereitet sich auf die Prüfung vor.

sich interessieren:	Der Lehrer interessiert sich für die Grammatik.
sich wehren:	Ich wehre mich gegen jeden Radikalismus.
sich irren:	Ich habe mich in meiner Rechnung geirrt.
sich üben:	Ich übe mich fleißig im Fechten (Schwimmen).
sich täuschen:	Alle Leute haben sich in ihren Hoffnungen getäuscht.
sich aufhalten:	Wir halten uns in Seoul auf.
sich verwandeln:	Das Wasser verwandelt sich in Duft.
sich verlieben:	Der Dirigent verliebt sich in die Sängerin.
sich begeben:	Er hat sich in seine Heimat begeben.
sich sehnen:	Man sehnt sich immer nach seiner Heimat.
sich ärgern:	Sie ärgert sich über mich.
sich freuen:	Er freut sich über seinen Erfolg.
sich schämen:	Er schämt sich über seine Unwissenheit.
sich streiten :	Sie streiten sich über eine Kleinigkeit.
sich unterhalten:	Sie unterhalten sich über das Klima in Deutschland.
sich beschäftigen:	Der Ausländer beschäftigt sich mit der deutschen Sprache.
sich beeilen:	Der Mann beeilt sich mit der Arbeit.
sich begnügen:	Ich begnüge mich mit dem, was ich habe.
sich verabreden:	Sie verabredet sich mit mir, um mit mir ins kino zu gehen.
sich verheiraten:	Sie verheiratet sich mit ihm.
sich bemühen:	Der Beamte bemüht sich um eine gute Stelle.
sich bewerben:	Ich bewerbe mich um ein Stipendium in Deutschland.
sich kümmern:	Kümmere dich nicht darum!
sich erholen:	Der Kranke erholt sich von der Krankheit.
sich entsetzen:	Alles entsetzt sich vor diesem Anblick.
sich scheuen:	Ich scheue mich vor einer Antwort.

sich hüten:	Man muß sich vor dem Betrüger hüten.	
sich fürchten:	Sie fürchtet sich vor dem Hunde.	
sich vorbereiten:	Der Fahrer bereitet sich auf die Abfahrt vor.	
sich entschließen:	Er hat sich endlich zur Reise entschlossen.	
sich verhalten:	Zwei verhält sich zu vier, wie drei zu sechs.	
sich neigen:	Der Tag neigt sich zum Abend.	
sich wundern:	Der Fremde wundert sich über den hohen Preis.	

::: 의문대명사(Das Fragepronomen) :::

N	wer	was
G	wessen	wessen
D	wem	......
A	wen	was

Wer ist bitte am Apparat?

Wer sind diese Leute?

Wessen Buch ist das?

Wem gehört diese Bluse?

Wen haben Sie gern?

Wer sind Sie?

Was sind Sie von Beruf?

Was ist das?

Was haben Sie gestern gemacht?

::: welch- :::

	m.	n.	f.
N	welcher Rock	welches Kleid	welche Bluse
G	welches Rock	welches Kleid	welcher Bluse
D	welchem Rock	welchem Kleid	welcher bluse
A	welchen Rock	welches Kleid	welche Bluse
N	welche Röcke	welche Kleider	welche Blusen
G	welcher Röcke	welcher Kleider	welcher Blusen
D	welchen Röcken	welchen Kleidern	welchen Blusen
A	welche Röcke	welche Kleider	welche Blusen

::: 동사의 현재 인칭변화(Die Konjugation des Verbs im Präsens) :::

	sein	haben	werden	kommen	lesen	nehmen
ich	bin	habe	werde	komme	lese	nehme
du	bist	hast	wirst	kommst	liest	nimmst
er	ist	hat	wird	kommt	liest	nimmt
wir	sind	haben	werden	kommen	lesen	nehmen
ihr	seid	habt	werdet	kommt	lest	nehmt
sie(Sie)	sind	haben	werden	kommen	lesen	nehmen

::: 동사의 과거 인칭변화(Die Konjugation des Verbs im Präteritum) :::

	sein	haben	werden	kommen	lesen	nehmen
ich	war	hatte	wurde	kam	las	nahm
du	warst	hattest	wurdest	kamst	last	nahmst
er	war	hatte	wurde	kam	las	nahm
wir	waren	hatten	wurden	kamen	lasen	nahmen
ihr	wart	hattet	wurdet	kamt	last	nahmt
sie (Sie)	waren	hatten	wurden	kamen	lasen	nahmen

147

::: 미래 시제(Das Futur) :::

Ich	werde	kommen.
Du	wirst	kommen.
Er	wird	kommen.
Wir	werden	kommen.
Ihr	werdet	kommen.
Sie	werden	kommen.

::: 복합동사(Die zusammengesetzten Verben) :::

분리동사

ab: abfahren

an: ankommen

aus: ausgehen

ein: einschlafen

mit: mitnehmen

vor: vorhaben

weg: wegfahren

비분리동사

be: besuchen

ge: gehören

er: erfrieren

ver: verkaufen

zer: zerbrechen

ent: entladen

emp: empfinden

miss: missverstehen

::: 명령법(Der Imperativ) :::

	du	ihr	Sie
sagen	Sag(e)!	Sagt!	Sagen Sie!
hören	Hör(e)!	Hört!	Hören Sie!
gehen	Geh(e)!	Geht!	Gehen Sie!
warten	Warte!	Wartet!	Warten Sie!
geben	Gib!	Gebt!	Geben Sie!
helfen	Hilf!	Helft!	Helfen Sie!
nehmen	Nimm!	Nehmt!	Nehmen Sie!
sprechen	Sprich!	Sprecht!	Sprechen Sie!
sehen	Sieh!	Seht!	Sehen Sie!
lesen	Lies!	Lest!	Lesen Sie!
fahren	Fahr!	Fahrt!	Fahren Sie!
sein	Sei!	Seid!	Seien Sie!

::: 3격 목적어를 지니는 동사 :::

nützen, schaden, helfen, gefallen, gehören, gehorchen, glauben, trauen, folgen, begegnen, antworten, danken, gratulieren

helfen: Ich helfe dem Freund.
gefallen: Das Arbeitszimmer gefällt der Freundin gut.
antworten: Hans antwortet dem Lektor schnell.
gehören: Wem gehört die CD?
fehlen: Was fehlt dem Kind?
nützen: Das Buch nützt dem Studenten.

::: 4격 목적어를 지니는 동사 :::

fragen, bitten, grüßen, anrufen, lieben, loben, kennen, brauchen, holen, lesen, besuchen

fragen:	Ein Schüler fragt den Lehrer.
anrufen:	Er ruft mich an.
begrüßen:	Die Studentinnen begrüßen eine Professorin.
bitten:	Ein Bettler bittet einen Mann um Geld.
kennen:	Kennst du das Schild hier?
brauchen:	Brauchst du eine Fahrkarte?
haben:	Wir haben keinen Wagen.
holen:	Ich hole das Frühstück.
lesen:	Ich lese gern Comics.
besuchen:	Hans besucht die Frau.

::: 4격 목적어를 2개 지니는 동사 :::

nennen, heißen, lehren ......

nennen:	Wir nennen den Mann einen Dummkopf.
lehren:	Unser Lehrer lehrt uns Deutsch.

::: 3격과 4격 목적어를 지니는 동사 :::

geben, schreiben, schenken, bringen, zeigen ......

geben:	Er gibt seinem Sohn viel Geld.
schreiben:	Er schreibt seiner Tochter einen Brief.

schenken: Fräulein Kim schenkt ihrem Freund ein Buch.

bringen: Der Sohn bringt seinem Vater eine Zeitung.

::: 전치사(Die Präposition) :::

2격 지배 전치사

während	wegen	(an)statt
trotz	halber	um ····· willen

während: Während meines Studiums in Deutschland bin ich vielen
Ausländern begegnet.

wegen: Er ist wegen der Krankheit nicht gekommen.

statt: Statt ihrer Mutter kam sie.

trotz: Trotz des schlechten Wetters gehen sie spazieren.

halber: Er fährt seiner Gesundheit halber auf das Land.

um … willen: Wir kämpfen um der Freiheit willen.

3격 지배 전치사

aus	außer	bei	mit
nach	seit	von	zu
entgegen	gegenüber		

aus: Kristy kommt aus Amerika.

Kristy kommt aus der Küche.

mit: Sie fährt mit dem Bus.

Der Ober kommt mit der Speisekarte.

nach: Nach dem Essen gehen sie ins Kino.

Der Zug fährt nach Bonn.

bei: Liest du beim Frühstück?

Sie wohnt bei der Kusine.

von: Kommst du vom Arzt?

         Die Garage ist links vom Haus.

         Vom Haus zum Kino geht man 20 Minuten.

zu: Gehst du jetzt zum Bahnhof?

         Sie gehen zu Fuß ins Restaurant.

seit: Er weiß es seit einem Jahr.

         Seit einer Woche bin ich hier.

gegenüber: Dem Konzertsaal gegenüber ist das Theater.

         Gegenüber dem Haus ist ein Garten.

außer: Außer dem Zentralkino gibt es zehn andere Kinos.

4격 지배 전치사

bis	durch	ohne	entlang
wider	um	für	gegen

durch: Wir fahren durch den Hafen.

         Der Einbrecher kommt durch das Fenster

für: Das Schinkenbrot ist für Herrn Meyer.

         Sie ist für zwei Wochen verreist.

gegen: Das Auto fährt gegen die Wand.

         Karl kommt gegen neun.

ohne: Sie sind im Restaurant ohne den Jungen.

         Ich trinke Kaffee ohne Zucker.

entlang: Sie gehen die Straße entlang.

         Den Fluss entlang stehen große Bäume.

um: Um sieben Uhr bin ich wieder zu Hause.

         Die Kinder sitzen um den Tisch.

bis: Wir fahren bis München.

         Er arbeitet bis zehn Uhr.

3/4격 지배 전치사

in	an	auf
neben	unter	vor
hinter	über	zwischen

Wohin ......?

Ich lege das Buch auf den Tisch.

Er hängt das Bild an die Wand.

Ich setze mich an den Tisch.

Setzen sie sich neben ihn!

Sie laufen auf die Brücke.

Wo ......?

Das Buch liegt auf dem Tisch.

Das Bild hängt an der Wand.

Ich sitze an dem Tisch.

Darf ich neben ihm sitzen?

Sie treffen sich auf der Brücke.

an:	Das Bild hängt an der Wand.
	Er hängt das Bild an die Wand.
auf:	Das Buch liegt auf dem Tisch.
	Ich lege das Buch auf den Tisch.
hinter:	Der Garten ist hinter dem Haus.
	Hans läuft hinter das Haus.
in:	Das Büro ist in der Stadt.
	Jeden Tag fährt er in die Stadt.

neben: Der Tisch steht neben dem Sofa.

          Er stellt den Tisch neben das Sofa.

über: Das Porträt hängt über dem Klavier.

          Er hängt das Porträt über das Klavier.

unter: Der Ball liegt unter dem Bett.

          Der Ball rollt unter das Bett.

vor: Das Kind steht vor der Tür.

          Das Kind springt vor die Tür.

zwischen: Der Stuhl steht zwischen den Fenstern.

          Er stellt den Stuhl zwischen die Fenster.

동사와 전치사의 결합

an + Dativ

fehlen: Es fehlt ihm an gutem Willen.

leiden: Er leidet an einer Krankheit.

mangeln: Es mangelt ihm an rechtem Willen.

sterben: Er starb an der Cholera.

erkennen: Der Hund erkennt seinen Herrn an der Stimme.

zweifeln: Kein Mensch zweifelt an der Kugelgestalt der Erde.

verzweifeln: Man verzweifelt an seinem Aufkommen.

teilnehmen: Er hat am Zweiten Weltkrieg teilgenommen.

an + Akkusativ

denken: Der Ausländer denkt an seine Heimat.

glauben: Ich glaube an dich.

schreiben: Ich habe einen Brief an ihn geschrieben.

auf + Dativ

bestehen: Er besteht auf seiner Meinung.

beruhen:	Das beruht auf einem Irrtum.

auf + Akkusativ

achten:	Die Eltern achten auf eine gute Erziehung ihrer Kinder.
antworten:	Er wollte mir auf meinen Brief nicht einmal antworten.
aufpassen:	Passen Sie auf den Verkehr auf!
sinnen:	Er sinnt auf die Rache. (sinnen)
harren:	Ich harre auf seine Nachricht.
beziehen:	Ich beziehe das nicht auf mich.
hoffen:	Er hofft auf eine bessere Zukunft.
zählen:	Auf ihn kann man nie zählen.
verzichten:	Kein Mensch verzichtet gern auf sein Glück.
warten:	Der Reisende wartet auf den Zug.

für + Akkusativ

danken:	Ich danke Ihnen für Ihre Güte.
halten:	Wir halten ihn für einen großen Führer.
sorgen:	Er muß selbst für seinen Unterhalt sorgen.
stimmen:	Ich habe für (gegen) den Plan gestimmt.

gegen + Akkusativ

handeln:	Ich habe schlecht gegen ihn gehandelt.
kämpfen:	Er kämpft für sein Vaterland gegen den Feind.
streiten:	Er streitet für sein Vaterland gegen den Feind.

in + Akkusativ

dringen:	Er dringt in meine Geheimnisse.
geraten:	Das Land ist in eine schwere Lage geraten.
zerfallen:	Das Buch zerfällt in mehrere Teile.

nach + Dativ

abreisen: Er ist gerade nach Seoul abgereist.

begehren: Der Bauch begehrt nach Nahrung.

fragen, sich erkundigen:

           Der Reisende fragt nach der Ankunft des Zuges.

streben: Er strebt nach Ruhm und Ehre.

schicken: Er schickt seinen Sohn nach Deutschland.

trachten: Er trachtet nur nach dem Leben.

über + Akkusativ

staunen: Ich staune über seinen Mut.

herrschen: Der König herrscht über ein großes Land.

klagen: Ich muß über seine Faulheit klagen.

lachen: Er lacht über meine Rede.

nachdenken: Ich dachte über mein Schicksal nach.

sprechen: Ich möchte mir Herrn Müller über meinen Plan sprechen.

siegen: Die Weltmeister siegt über alle seine Gegner.

diskutieren: Wir diskutieren über den Film.

reden: Warum redet ihr immer über China?

mit + Dativ

anfangen, beginnen: Die Kinder fangen mit dem Spielen an.

aufhören: Er hört mit der Arbeit auf.

beginnen: Heute beginnen wir mit Lektion 12.

um + Akkusativ

bitten: Wir bitten euch um Hilfe.

streiten: Sie streiten um den Vorrang.

werben: Er wirbt überall um Stimmen.

trauern: Ich trauere um meinen Vater.

wissen: Ich weiß um alle seine Geheimnisse.

beneiden: Er beneidet mich um die Ehre.

weinen: Das Volk weint um Präsidenten.

flehen: Er fleht um meine Hilfe.

von + Dativ

abhängen: Dein Glück hängt ganz von dir ab.

leben: Er lebt von seiner Handarbeit.

sprechen: Er spricht von einer Reise.

abstammen: Er stammt von einer adeligen Familie ab.

träumen: Ich träume von meinem Bruder.

befreien: Der Zahnarzt befreit die Frau von den Zahnschmerzen.

genesen: Er ist von seiner Krankheit genesen.

erzählen: Er hat viel von ihm erzählt.

verstehen: Ich verstehe nichts von Mathematik.

hören: Ich habe lange nichts von ihm gehört.

vor + Dativ

bangen: Ich bange vor dem Tod.

ekeln: Es ekelt mich (od. mir) vor diesem Schmutz.

grauen: Mir graut vor der langen Reise.

warnen: Ich warne ihn vor der Gefahr.

bewahren: Ich bewahre ihn vor diesem Unglück.

fliehen: Ich floh vor meinen Verfolgern zu ihm.

schützen: Sie haben das Vaterland vor Feinden geschützt.

zittern: Der Junge zitterte vor seinem strengen Vater.

zu + Dativ

gehören: Ich gehöre zu seinen Anhängern.

nützen: Wozu nützt das? Das nützt zum Leben.

beitragen: Einstein hat zur Wissenschaft viel beigetragen.

ernennen: Der Präsident hat ihn zum Minister ernannt.

zwingen: Man kann niemanden zur Liebe zwingen.

passen: Der Rock passt nicht zu deiner Bluse.

형용사의 어미변화(Die Deklination des Adjektivs)

	단수			복수
	남성	중성	여성	
주격	der Mann alter Mann der alte Mann ein alter Mann	das Buch neues Buch das neue Buch ein neues Buch	die Frau nette Frau die nette Frau eine nette Frau	die Frauen junge Frauen die jungen Frauen
소유격	des Mannes alten Mannes des alten Mannes eines alten Mannes	des Buch neuen Buches des neuen Buch eines neuen Buch	der Frau netter Frau der netten Frau einer netten Frau	der Frauen junger Frauen der jungen Frauen
여격	dem Mann altem Mann dem alten Mann einem alten Mann	dem Buch neuem Buch dem neuen Buch einem neuen Buch	der Frau netter Frau der netten Frau einer netten Frau	den Frauen jungen Frauen den jungen Frauen
목적격	den Mann alten Mann den alten Mann einen alten Mann	das Buch neues Buch das neue Buch ein neues Buch	die Frau nette Frau die nette Frau eine nette Frau	die Frauen junge Frauen die jungen Frauen

Das ist ein hohes Haus.

die Seouler Zeitung

auf der Seouler Straße

서술적 용법

Der Mantel ist schön.
Das Kleid ist schön.
Die Hose ist schön.

부가적 용법

Das ist ein schöner Mantel.
Das ist ein schönes Kleid.
Das ist eine schöne Hose.

형용사의 명사화

	남성	여성	복수
1격	der Deutsche	die Fremde	die Deutschen
2격	des Deutschen	der Fremden	der Deutschen
3격	dem Deutschen	der Fremden	den Deutschen
4격	den Deutschen	die Fremde	die Deutschen
1격	ein Deutscher	eine Fremde	Deutsche
2격	eines Deutschen	einer Fremden	Deutscher
3격	einem Deutschen	einer Fremden	Deutschen
4격	einen Deutschen	eine Fremde	Deutsche

- 중성: das Gute, etwas Gutes, viel Gutes, alles Gute, nichts Neues ......

형용사의 비교((Die Komparation des Adjektivs)

원급	비교급	최상급	원급	비교급	최상급
alt	älter	der älteste am ältesten	lang	länger	der längste am längsten
gern, lieb	lieber	der liebste am liebsten	nah	näher	der nächste am nächsten
groß	größer	der größte am größten	teuer	teurer	der teuerste am teuersten
gut	besser	der beste am besten	viel	mehr	der meiste am meisten
hoch	höher	der höchste am höchsten	warm	wärmer	der wärmste am wärmsten
jung	jünger	der jüngste am jüngsten	weise	weiser	der weiseste am weisesten
kalt	kälter	der kälteste am kältesten	wenig	weniger	der wenigste am wenigsten
kurz	kürzer	der kürzeste am kürzesten			

수동태(Das Passiv)

Wir bilden das Passiv mit dem Hilfsverb werden und dem Partizip II.

현재형: Der Mann bauen das Haus.
          - Das Haus wird von dem Mann gebaut.

과거형: Der Mann baute das Haus.
          - Das Haus wurde von dem Mann gebaut.

미래형: Der Mann wird das Haus bauen.
          - Das Haus wird von dem Mann gebaut werden.

현재완료형: Der Mann hat das Haus gebaut.
          - Das Haus ist von dem Mann gebaut worden.

과거완료형: Der Mann hatte das Haus gebaut.
          - Das Haus war von dem Mann gebaut worden.

::: 동작수동과 상태수동(Vorgangspassiv und Zustandpassiv) :::

동작수동:

- Der Tisch ist gedeckt worden. (동작)

상태수동:

- Der Tisch ist gedeckt. (새로운 상태)

::: 숫자(Die Zahlen) :::

기수(Die Grundzahlen)

0 null	10 zehn	20 zwanzig
1 eins	11 elf	21 einundzwanzig
2 zwei	12 zwölf	22 zweiundzwanzig
3 drei	13 dreizehn	23 dreiundzwanzig
4 vier	14 vierzehn	24 vierundzwanzig
5 fünf	15 fünfzehn	25 fünfundzwanzig
6 sechs	16 sechzehn	26 sechsundzwanzig
7 sieben	17 siebzehn	27 siebenundzwanzig
8 acht	18 achtzehn	28 achtundzwanzig
9 neun	19 neunzehn	29 neunundzwanzig
30 dreißig	40 vierzig	50 fünfzig
60 sechzig	70 siebzig	80 achtzig
90 neunzig	100 (ein)hundert	101 hunderteins

102 hundertzwei   123 hundertdreiundzwanzig

200 zweihundert   1.100 tausendeinhundert

10.000 zehntausend   20.000 zwanzigtausend

1.000.000 eine Million   2.000.000 zwei Millionen

$3+4 = 7$	drei und vier ist (=macht) sieben.
	drei plus vier gleich sieben.
$8-6 = 2$	acht minus sechs ist (=macht) zwei.
$9 \times 4 = 36$	neun mal vier ist sechsunddreißig.
$24 \div 6 = 4$	vierundzwanzig durch sechs ist vier.

ein Meter - zwei Meter

ein Liter - zehn Liter

ein Gramm - drei Gramm

ein Glas Bier - vier Glas Bier

eine Meile - elf Meilen

eine Tasse Kaffee - zwölf Tassen Kaffee

eine Flasche Wein - drei Flaschen Wein

서수(Die Ordnungszahlen)

1. erst	11. elft	21. einundzwanzigst
2. zweit	12. zwölft	22. zweiundzwanzigst
3. dritt	13. dreizehnt	23. dreiundzwanzigst
4. viert	14. vierzehnt	24. vierundzwanzigst
5. fünft	15. fünfzehnt	25. fünfundzwanzigst
6. sechst	16. sechzehnt	26. sechsundzwanzigst
7. siebt	17. siebzehnt	27. siebenund zwanzigst
8. acht	18. achtzehnt	28. achtundzwanzigst
9. neunt	19. neunzehnt	29. neunundzwanzigst
10. zehnt	20. zwanzigst	30. dreißigst

100. hundertst   131. hunderteinunddreißigst

201. zweihunderterst   1000. tausendst

해/년

1999 neunzehnhundertneunundneunzig

2000 zweitausend

2001 zweitausendeins

2006 zweitausendsechs

2020 zweitausendzwanzig

Jetzt ist das Jahr 2020.

Wann wurden die DDR und die Bundesrepublik wiedervereinigt?
- Im Jahr 1990.

Jetzt ist das einundzwanzigste Jahrhundert.

In welchem Jahrhundert leben wir?
- Im einundzwanzigsten Jahrhundert.

계절

Frühling, Sommer, Herbst, Winter

Es ist jetzt Frühling.

Wann können wir im Meer schwimmen?
- Im Sommer.

달/월

Januar, Februar, März, April, Mai, Juni, Juli, August,
September, Oktober, November, Dezember

Jetzt ist Oktober.

Wann sind Ferien?
- Im August.

요일

Sonntag, Montag, Dienstag, Mittwoch, Donnerstag, Freitag, Samstag

Welcher Wochentag ist heute?
- Heute ist Freitag.
- Heute ist Mittwoch.

Wann treffen wir uns?
- Am Samstag.

Wann machen Sie eine Reise?
- Am Wochenende.

Wann ist der Feiertag?
- In der vierten Woche.

Wann hast du Geburtstag?
- In drei Tagen.

2009. 4. 6.
- Heute ist der sechste April zweitausendneun.
- Heute ist der sechste vierte zweitausendneun.

1999. 5. 9.
- Heute haben wir den neunten Mai neunzehnhundertneunundneunzig.
- Heute haben wir den neunten fünften
  neunzehnhundertneunundneunzig.

Wir schreiben: Seoul, den 2. Juni 2019

Wann hast du Geburtstag?

- Ich habe am elften Juli Geburtstag.

Wann bist du in Berlin?

- Vom zweiten bis zweiundzwanzigsten September.

날(어제, 내일 등)

vorgestern - gestern - heute - morgen - übermorgen

morgens - abends - nachts

vormittags - mittags - nachmittags

morgen früh

heute Morgen

gestern Abend

Jetzt ist Morgen. (Nachmittag, Vormittag, Abend, Mittag, Nacht)

Wann essen Sie?

- Am Morgen (morgens).

Wann schlafen Sie?

- In der Nacht (nachts).

::: 화법조동사(Die Modalverben) :::

현재형

	können	dürfen	mögen	müssen	wollen	sollen
ich	kann	darf	mag	muss	will	soll
du	kannst	darfst	magst	musst	willst	sollst
er/ es/ sie	kann	darf	mag	muss	will	soll
wir	können	dürfen	mögen	müssen	wollen	sollen
ihr	könnt	dürft	mögt	müsst	wollt	sollt
sie (Sie)	können	dürfen	mögen	müssen	wollen	sollen

과거형

	können	dürfen	mögen	müssen	wollen	sollen
ich	konnte	durfte	mochte	musste	wollte	sollte
du	konntest	durftest	mochtest	musstest	wolltest	solltest
er/ es/ sie	konnte	durfte	mochte	musste	wollte	sollte
wir	konnten	durften	mochten	mussten	wollten	sollten
ihr	konntet	durftet	mochtet	musstet	wolltet	solltet
sie (Sie)	konnten	durften	mochten	mussten	wollten	sollten

::: 현재분사 :::

동사원형	현재분사
dampfen	dampfend
kochen	kochend
singen	singend
lachen	lachend
lächeln	lächelnd

167

::: 현재분사와 과거분사 :::

현재분사

Der dampfende Kaffee: Der Kaffee dampft (jetzt).

Das lächelnde Fräulein: Das Fräulein lächelt (jetzt).

과거분사

Der gedeckte Tisch: Der Tisch ist (vorher) gedeckt worden.

Das gekochte Ei: Das Ei ist (vorher) gekocht worden.

::: 접속법(Der Konjunktiv) :::

접속법 I(Konjunktiv I)

	sein	haben	werden
ich	sei	habe	werde
du	seiest	habest	werdest
er/ es/ sie	sei	habe	werde
wir	seien	haben	werden
ihr	seiet	habet	werdet
sie (Sie)	seien	haben	werden

Gott segne den König!

Bitte seien Sie immer höflich!

Mein Freund schrieb mir: "Ich bin seit drei Wochen hier."

- Mein Freund schrieb mir, dass er seit drei Wochen dort sei.

- Mein Freund schrieb mir, er sei seit drei Wochen dort.

Er versichert: "Ich habe das nicht getan."

- Er versichert, er habe das nicht getan.
- Er versichert, dass er das nicht getan habe.

접속법 II(Konjunktiv II)

	sein	haben	werden
ich	wäre	hätte	würde
du	wärest	hättest	würdest
er/ es/ sie	wäre	hätte	würde
wir	wären	hätten	würden
ihr	wäret	hättet	würdet
sie (Sie)	wären	hätten	würden

Könnten Sie mir sagen, wo das Museum ist?
Würden Sie mir das Buch geben?
Dürfte ich Sie bitten?

Bei schönem Wetter gingen wir jetzt spazieren.
Bei schönem Wetter wären wir spazierengegangen.
Ich hätte die Prüfung beinahe nicht bestanden.
Du sprichst so gut Deutsch, als ob du ein Deutscher wärest.

Wenn ich Geld hätte, würde ich mir das kaufen.
Wenn ich Geld gehabt hätte, hätte ich mir das gekauft.

부정법	현재	과거	접속법 II	과거분사
backen	du bäckst er bäckt	buk (backte)	büke (backte)	gebacken
befehlen	du befiehlst er befiehlt	befahl	beföhle (befähle)	befohlen
beginnen		begann	begönne (begänne)	begonnen
beißen	du beißt er beißt	biss	bisse	gebissen
biegen		bog	böge	gebogen
bieten		bot	böte	geboten
binden		band	bünde	gebunden
bitten		bat	bäte	gebeten
blasen	du bläst er bläst	blies	bliese	geblasen
bleiben		blieb	bliebe	geblieben
brechen	du brichst er bricht	brach	bräche	gebrochen
dringen		drang	dränge	gedrungen
dürfen	ich darf du darfst er darf	durfte	dürfte	gedurft

empfehlen	du empfiehlst er empfiehlt	empfahl	empföhle (empfähle)	empfohlen
erlöschen	du erlischst er erlischt	erlosch	erlösche	erloschen
essen	du isst er isst	ass	ässe	gegessen
fahren	du fährst er fährt	fuhr	führe	gefahren
fallen	du fällst er fällt	fiel	fiele	gefallen
fangen	du fängst er fängt	fing	finge	gefangen
finden		fand	fände	gefunden
fliegen		flog	flöge	geflogen
fliehen		floh	flöhe	geflohen
fließen	du fließt er fließt	floß	flösse	geflossen
fressen	du frisst er frisst	fraß	fräße	gefressen
frieren		fror	fröre	gefroren
geben	du gibst er gibt	gab	gäbe	gegeben
gehen		ging	ginge	gegangen
gelingen		gelang	gelänge	gelungen
gelten	du giltst er gilt	galt	gölte (gälte)	gegolten
genießen		genoß	genösse	genossen
geschehen	es geschieht	geschah	geschähe	geschehen

gewinnen		gewann	gewönne (gewänne)	gewonnen
gießen	du gießt er gießt	goß	gösse	gegossen
graben	du gräbst er gräbt	grub	grübe	gegraben
greifen		griff	griffe	gegriffen
halten	du hältst er hält	hielt	hielte	gehalten
hängen	du hängst er hängt	hing	hinge	gehangen
heben		hob	höbe	gehoben
heißen	du heißt er heißt	hieß	hieße	geheißen
helfen	du hilfst er hilft	half	hülfe	gehofen
kommen		kam	käme	gekommen
können	ich kann du kannst er kann	konnte	könnte	gekonnt
kriechen		kroch	kröche	gekrochen
laden	du lädst er lädt	lud	lüde	geladen
lassen	du lässt er lässt	ließ	ließe	gelassen
laufen	du läufst er läuft	lief	liefe	gelaufen
leiden		litt	litte	gelitten
leihen		lieh	liehe	geliehen
lesen	du liest er liest	las	läse	gelesen

liegen		lag	läge	gelegen
meiden		mied	miede	gemieden
messen	du misst er misst	maß	mäße	gemessen
mögen	ich mag du magst er mag	mochte	möchte	gemocht
müssen	ich muss du musst er muss	musste	müsste	gemusst
nehmen	du nimmst er nimmt	nahm	nähme	genommen
preisen	du preist er preist	pries	priese	gepriesen
raten	du rätst er rät	riet	riete	geraten
reiben		rieb	riebe	gerieben
reißen	du reißt er reißt	riss	risse	gerissen
reiten		ritt	ritte	geritten
riechen		roch	röche	gerochen
ringen		rang	ränge	gerungen
rinnen		rann	rönne (ränne)	geronnen
rufen		rief	riefe	gerufen
schaffen		schuf	schüfe	geschaffen
scheiden		schied	schiede	geschieden

scheinen		schien	schiene	geschienen
schelten	du schiltst er schilt	schalt	schölte (schälte)	gescholten
schieben		schob	schöbe	geschoben
schlafen	du schläfst er schläft	schlief	schliefe	geschlafen
schlagen	du schlägst er schlägt	schlug	schlüge	geschlagen
schleichen		schlich	schliche	geschlichen
schließen	du schließt er schließt	schloß	schlösse	geschlossen
schmelzen	du schmilzt er schmilzt	schmolz	schmölze	geschmolzen
schneiden		schnitt	schnitte	geschnitten
schreiben		schrieb	schriebe	geschrieben
schreien		schrie	schriee	geschrien
schweigen		schwieg	schwiege	geschwiegen
schwimmen		schwamm	schwömme (schwämme)	geschwommen
schwinden		schwand	schwände	geschwunden
schwören	du schwörst er schwört	schwur	schwüre	geschworen
sehen	du siehst er sieht	sah	sähe	gesehen
sein	ich bin du bist er ist	war	wäre	gewesen

singen		sang	sänge	gesungen
sinken		sank	sänke	gesunken
sitzen	du sitzt er sitzt	saß	säße	gesessen
sollen	ich soll du sollst er soll	sollte	sollte	gesollt
spinnen		spann	spönne (spänne)	gesponnen
sprechen	du sprichst er spricht	sprach	spräche	gesprochen
springen		sprang	spränge	gesprungen
stechen	du stichst er sticht	stach	stäche	gestochen
stehen		stand	stande (stünde)	gestanden
stehlen	du stiehlst er stiehlt	stahl	stöhle (stähle)	gestohlen
steigen		stieg	stiege	gestiegen
sterben	du stirbst er stirbt	starb	stürbe	gestorben
stoßen	du stößt er stößt	stieß	stieße	gestoßen
streiten		stritt	stritte	gestritten
tragen	du trägst er trägt	trug	trüge	getragen
treffen	du triffst er trifft	traf	träfe	getroffen
treiben		trieb	triebe	getrieben

treten	du trittst er tritt	trat	träte	getreten
trinken		trank	tränke	getrunken
trügen		trog	tröge	getrogen
vergessen	du vergisst er vergisst	vergass	vergäße	vergessen
verlieren		verlor	verlöre	verloren
wachsen	du wächst er wächst	wuchs	wüchse	gewachsen
waschen	du wäschst er wäscht	wusch	wüsche	gewaschen
weichen		wich	wiche	gewichen
werfen	du wirfst er wirft	warf	würfe	geworfen
wollen	ich will du willst er will	wollte	wollte	gewollt
ziehen		zog	zöge	gezogen
zwingen		zwang	zwänge	gezwungen